OLIVIER GARNIER

CANINES ET PÉRONNELLES

INSTANTANÉS DE POLAR
ÉDITIONS BALEINE

Du même auteur :

La mémoire de Dorian, Lanctôt Editeur, 1998

À ma mère, à Danielle Opyt
et à Matthew Spicuzza

On divise le monde en deux parties :
ce qui convient momentanément
à l'être humain est naturel ;
ce qui lui déplaît, il le considère contre nature.
Avez-vous déjà vu quelque chose
qui soit « contre » la nature ?
Groddeck, *Le livre du ça*

1

Je me tenais dans un coin, un verre à la main, le regard fuyant. La salle était enfumée, les gens ne s'occupaient pas de moi. Carcasse n'était pas là pour me sauver de la solitude. Où était-il donc ? Je les guignais toutes avec leur chair serrée dans des robes moulantes, leur bouche trop rouge, leur indifférence. J'essayais de ne pas tripoter mon acné, de me faire une raison. J'aurais aimé en ce jour entendre le français raffiné de Carcasse et recueillir un sourire de femme. J'en voyais beaucoup sous les lustres qui se baladaient de groupe en groupe, des brunes excitées, des blondes nonchalantes. Leurs yeux couvraient toute la salle, du sol au plafond, de l'estrade au bar. Rien ne leur échappait, ni les hommes en tenue de soirée, ni ma détresse. Mais elles ne s'aventuraient pas dans mes parages.

J'ai quitté mon recoin, je me suis avancé vers le bar avec mon verre vide. En chemin je me suis allumé une cigarette pour me donner une contenance. Une petite blonde, enfin disons châtain, le dos découvert jusqu'au ras des fesses, s'est exclamé que Brian lui a enfin téléphoné, une autre, sa copine sans doute, s'est écrié que ce n'est pas vrai, que, oh mon Dieu, mais c'est fou, celle-là montée sur des talons aiguilles et le chignon comme une meringue hypertrophiée. Puis je suis passé derrière un casque de cheveux noirs, des hanches pleines, un postérieur en relief, j'ai aperçu la coquine bretelle sur le biceps. J'ai continué, j'ai admiré des dos, j'étais dans les coulisses de la beauté féminine. Je notai tout, sans m'arrêter. Je m'effaçai, m'excusai, me faisais oublié. Je les connaissais trop bien, elles et leurs sourires embêtés, leurs mines compatissantes, leur pitié. J'avais l'expérience de leurs tortillements, de leurs tergiversations. Ma timidité et moi, nous livrions des combats sans merci, que je perdais à tous les coups.

Pourtant des femmes, j'en avais cinquante sous ma protection. De toutes sortes et de toutes couleurs. Je travaillais comme veilleur de nuit dans un dortoir de lycée. Elles avaient entre quinze et dix-huit ans, pas encore de vraies femmes, plutôt des filles, des enfants. Je ne les regardais même pas.

Tandis que l'on me versait un verre, je perçus un remue-ménage dans la foule. À l'entrée de la salle, sous le cadre somptueux de la porte, un bouchon se formait. Simon était parmi nous. Lui, débraillé, le pantalon en tire-bouchon, la cravate approximative, allait provoquer une émeute. Où qu'il aille, le succès était immédiat. Je savais qu'il se dirigerait vers moi, qu'il serait ralenti par l'euphorie qu'engendrait sa venue. Je sirotai donc tranquillement mon chardonnay.

Enfin, son grand corps fut comme craché à mes pieds.

Il arborait un costume noir, une cravate gris perle

et une écharpe rouge, le tout flétri comme une peau immergée. Il n'empêche, il bénéficiait d'un prestige indiscutable, bien plus que moi qui étais tiré à quatre épingles et qui savais me servir d'un fer à repasser.

– Ça va, bonhomme ? me lança-t-il dans son français méridional.

La foule le laissa en ma compagnie, s'écarta discrètement. Je profitai qu'il me masquât aux yeux des autres pour me presser un bout de joue entre deux doigts. Un bouton explosa et un peu de crème gicla sous mes doigts. Ça faisait deux heures que le petit enfoiré me démangeait. Le message était clair. D'ailleurs Simon s'inquiéta :

– Tu as encore du Cutacnyl ?

– Oui, mais j'arrive au fond du tube. Et ça ne sert pas à grand-chose, j'ai l'impression.

Il se tourna vers le serveur :

– Un bloody mary.

Puis, vers moi :

– Tu rigoles, tu en as beaucoup moins. Dix-sept, à ce que je vois.

C'était un don chez lui, le docteur Simon Renard était capable de compter n'importe quelle multitude d'un seul coup d'œil. Il savait toujours combien de lueurs brillaient dans un ciel étoilé.

– Je te prescrirai dix grammes de Benzoyle, décida-t-il. C'est un Cutacnyl plus fort. Viens me voir demain à mon cabinet.

Il sortit de sa veste un mouchoir chiffonné.

– Tiens, essuie-toi. Tu en as un qui coule.

Je torchai la saloperie d'un mouvement rapide.

– Il faudrait que tu arrêtes de les toucher.

– Mais oui, bien sûr ! répondis-je.

La foule ne se risquait pas vers nous, mais je la sentais parcourue d'ondes impatientes. Le va-et-vient se fit plus dense, plus insistant, on voulait savoir ce qui retenait l'attention du docteur Simon. Peut-être fallait-il que je m'en aille, que je leur laisse la place. Où que je leur lance des cacahouètes ! Foutus mondains.

– Où est Carcasse ? me demanda-t-il.

– Eh bien, justement…

– Il doit être dans sa collection de lanternes, me coupa-t-il. Li m'a dit qu'il en avait reçu une en cuivre du XVIIe siècle. Un joli fanal avec un déflecteur esquinté.

– Alors il va passer la nuit sur son établi.

– Oui, probablement.

Il a remarqué mon air renfrogné et m'a posé la main sur l'épaule.

– Tant pis pour lui, il va rater un sacré spectacle.

Puis, d'un air faussement fâché :

– Jean, ce soir les filles sont jolies et l'amour porte des bas de soie. Je veux que tu t'amuses, que tu te détendes.

Notre grande hantise à tous, au fond, c'était l'ennui. Celui-ci engendrait la déprime ou le suicide. Tout le monde était inquiet, tout le temps. De la joie et de la bonne humeur en toutes circonstances. C'était l'antidote.

– Mais non, je te promets, ça va très bien, mentis-je.

Il s'apprêtait à retourner dans la foule, il distribuait des sourires autour de lui.

– Je serai dans le coin, là-bas, fis-je avant de m'éclipser.

– Cent cinquante-huit ! m'informa-t-il.

Il voulait dire cent cinquante-huit femmes.

« Et pas une seule pour moi », pensais-je.

Je retournai près des fenêtres taillées dans le granit. De là, la salle paraissait plus grande et plus majestueuse. Ses hauts murs austères, ses moulures au plafond, ses lustres rococos dominaient la forêt de têtes.

La bâtisse elle-même était une des plus vieilles de la ville, une des seules restées debout après le grand incendie de Chicago en 1871. Les maisons avaient brûlé toute la nuit cette fois-là et les gens avaient cuit au milieu du brasier. Le feu et le sang faisaient partie de l'histoire de cette cité. Al Capone, Dillinger l'avaient très bien compris. Voilà pourquoi, sans doute, j'affectionnais ce vieux bâtiment, l'un des derniers havres tranquilles de Chicago, un îlot épargné par le meurtre et la destruction.

Par les vitraux colorés, j'apercevais un septembre pesant, embourbé dans la chaleur et les parfums de feuilles mortes. Des passants en tee-shirt s'essuyaient le front. Les filles cachaient des taches de sueur sous leurs aisselles, les hommes montraient le poil mouillé de leur thorax. Pour la plupart c'étaient des étudiants, des personnages assez fades, surtout préoccupés par le sexe et leur carrière. Je ne nourrissais aucune haine ni même aucun mépris à leur égard, simplement je ne les comprenais pas.

J'avais vécu aux États-Unis quand j'étais tout jeune. À l'époque c'était un pays entreprenant et créatif, doté d'une inépuisable énergie. Puis j'étais allé en France, où j'avais eu des problèmes, et j'avais choisi de retraverser l'Atlantique. Malheureusement, quand j'étais arrivé, j'étais tombé en plein dans l'Amérique des années Reagan. J'avais dû me coltiner avec le paradoxe de l'époque : amasser le plus de fric possible tout en restant «politiquement correct». À présent j'attendais que la fière Amérique se réveille, qu'elle reprenne sa vigueur. Mais elle ne semblait que vouloir compter ses dollars en regardant la télé.

La lumière des lustres baissa et je m'arrachai à mes réflexions. Simon surgit près de moi et me tira jusqu'au centre de la salle, juste en face d'une estrade baignée de lumières vertes et bleues. Une épaisse fumée envahissait la scène et, au début, je ne vis rien d'autre que ce brouillard maladif rouler en vagues écœurantes. Une musique éclata dans la pièce, beaucoup de basses et de décibels. Les lustres s'éteignirent tout à fait et les conversations moururent. Je profitai de l'ombre pour me claquer une pustule sous la mâchoire.

– Nous sommes censés avoir très peur ! me souffla Simon.

Un buste énorme apparut par-dessus la mer de fumée. Rien que la poitrine, les bras et la tête, je lui attribuai cent kilos. Quand la fille montra ses jambes en se juchant sur un tabouret, j'en ajoutai cent de plus. Nous contemplâmes les longs cheveux noirs, les gouttes de graisse fondue qui ruisselaient aux tempes, le tee-shirt moulant qui contenait à grand-peine les gigantesques nichons, le tablier sexuel en quarante-deux bourrelets qui lui tombait sur les cuisses. Je n'étais pas pressé de voir la suite.

La musique se tut et, dans un geste qu'elle voulut solennel, la grosse fille leva les bras au ciel.

– Ô Maître des ombres ! déclama-t-elle. Ô Seigneur de la nuit, ô messager de Lucifer, éveille-toi et viens à nous ! Nous voulons goûter au mal et à la terreur. Toi qui connais nos peurs les plus intimes, nos hontes les plus secrètes, toi qui te délectes de nos faiblesses et de nos vices, toi qui nous envoûtes et nous épouvantes, montre-toi dans toute ta sinistre gloire ! Par Sarah la Noire, par l'Antéchrist, par Erzsébet et Dorottia, renaîs du royaume des morts et répands la souffrance dans cette assemblée effrayée !...

Je ne voyais pas à qui ce fatras de calembredaines s'adressait (je comprenais mieux que Carcasse se soit désisté, lui qui était si pointilleux sur la mystique), quand, au détour d'une volute, j'aperçus le coin d'une boîte posée sur l'estrade. Quelques instants plus tard je reconnus les contours d'un cercueil. Je n'étais pas un expert en la matière mais c'était sans aucun doute le modèle de luxe avec caisse en merisier et garniture dorée.

L'énorme sorcière de kermesse s'agita encore un moment puis, comme l'intérêt de la foule baissait, le couvercle de la bière bougea. Doucement d'abord, puis avec plus d'élan, une main repoussa le panneau. La foule poussa un « Ah ! » de surprise quand un mort vivant s'éjecta du sarcophage et se planta devant nous.

– Bon anniversaire ! murmura Simon.

Donc nous avions affaire à un vampire, un de ces types secs et dégingandés avec l'œil en sang. J'appréciais l'ironie. Le Dracula de service arpentait l'estrade à grandes enjambées, nous fixant d'un œil mauvais. Il darda son regard en direction d'une jeune fille qui pouffa, dévisagea un grand brun qui s'efforça de ne pas se laisser intimider, puis sauta jusqu'à une vieille dame qui fourra le nez dans son verre. Finalement il s'arrêta sur moi. Un petit pincement me parcourut l'échine. Bon sang, il ne s'était pas raté ! Il s'était plongé la gueule dans un pot de peinture blanche, s'était creusé une bouche et des yeux avec du cirage noir. Les contours approximatifs du grimage accentuaient l'impression de folie. Aussi, sur toute la surface de sa maigre figure il s'était planté des épingles. Sur le front, sur les ailes du nez, aux joues, au menton, jusqu'aux sourcils, il en avait partout. Même je pouvais constater (Ah, le con !) qu'il s'était percé les paupières. Les boules de fer parcouraient ses traits comme une armée de tiques.

Je ne sais pas ce qu'il trouva dans mes yeux, probablement quelque chose qui ne lui revenait pas, car il pointa le doigt vers moi.

– Je te maudis ! déclara-t-il.

Je devins la ligne de mire de tout le monde et je baissai la tête.

– Je te maudis ! répéta-t-il. Tu es le ver, tu es la fiente, tu es l'inutile ! Je te vomis, entends-tu ? ! Tu es le déchet de cette assemblée !

Au moins mes lacets étaient bien lacés.

– Tu es un peu moins qu'un excrément, un peu moins qu'une bouse ! La raclure d'un étron sur ma godasse. Je te dégueule, je te régurgite, je te dégobille ! Oui, oui, c'est bien à toi que je m'adresse, le crevard avec un costard étriqué.

Ma nuque me picotait.

– T'as une sale gueule avec tes boutons, ta petite coupe au bol, enchaîna-t-il. Ça sent les idées étroites, une tronche pareille, ça sent la mesquinerie, la médiocrité, l'avarice et la merde.

Si je n'étais pas si timide !

– C'est un vrai bonheur, dis donc, de te rentrer dedans ! Moi, ils me font jouir les faibles ! C'est tellement bon de leur dire ce qu'on pense, c'est tellement bon de leur chier dessus.

Encore un Darwiniste ! me dis-je. Encore un prédateur ! Encore un qui regardait trop la télé !

– Tenez, je vous parie qu'il ne va pas bouger. Vous allez voir !

Je ne relevai toujours pas la tête, mais, si Simon ne m'avait pas brusquement tiré en arrière, j'aurais pris son glaviot sur le crâne. Le crachat s'écrasa à quelques centimètres de mes pieds.

Simon m'entraîna. Les gens s'écartèrent sur notre passage tandis que je m'obstinais à contempler les lames du parquet. Le mort vivant accompagna notre sortie d'un ricanement victorieux et tout le monde applaudit sa prouesse.

Dans le hall, je me dégageai de l'étreinte du docteur. Il ne me posa aucune question. Il ne me demanda pas pourquoi je m'étais laissé faire, ou pourquoi ce genre de chose n'arrivait qu'à moi. Il connaissait toutes les réponses à l'avance : la psyché de Jean Belmors était un cas irrécupérable. Nous avons donc économisé de la salive.

– As-tu vu les terrassiers ? questionna-t-il.

– Non.

– Ils sont quatre, j'espère que ça ira. Carcasse les a sélectionnés, il a pris des gars musclés… et discrets.

Je ruminais encore ma honte.

– Ne le prends pas trop à cœur, finit-il par dire, cela fait partie du spectacle. Il choisit quelqu'un au hasard et…

– Le plus faible de préférence.

– Pardon ?

– Je suis sûr qu'il ne s'attaquerait pas à un malabar culturiste, par exemple.

Il tenta de redresser sa cravate.

– J'ai pensé qu'un peu de distraction…

– Tu attends que je t'embrasse les pieds.

– Tu exagères, dit-il en haussant les épaules.

– En tout cas, la masse n'a pas retenu son enthousiasme, ricanai-je. Quel succès ! Quel triomphe ! Je suis content que tu te sois occupé des invitations, c'est une réussite ! Je ne connais personne.

– Au moins ce sont de nouvelles têtes.

Discrète allusion à mon grand désert affectif.

– En tout cas si Carcasse… commençai-je.

– Docteur, on vous cherche partout, interrompit une jeune fille qui avait passé la tête par la porte.

Avait-elle une vague idée de la douleur qu'elle me causait ? Je me retenais de toutes mes forces pour ne pas défaillir. Il y avait la voix, l'attitude, la gestuelle. Il y avait aussi les seins, la peau ronde et chaude, les creux et les courbes, les dunes et les vallons, il y avait encore toute la beauté, toute la poésie, toute la merde habituelle, tout ça contenu dans sa viande. Mes transes et mes remords.

– Je te présente Claudia ! déclara Simon. Claudia, voici Jean, nous fêtons son anniversaire.

– Oh, alors vous êtes l'homme du moment, dit-elle.

– Je suis très heureux de vous voir, mademoiselle.

Crétin ! me grondai-je, triple idiot ! « Heureux de vous voir ». Pas de la voir, nom de Dieu !

– Moi de vous rencontrer, répondit-elle.

Je sortis mon paquet de cigarettes et en tirai une rapidement. Trop rapidement peut-être, car j'en répandis la moitié par terre. Je plongeai aussitôt pour les ramasser tandis que, je le devinai, elle dansait d'un pied sur l'autre.

– Oh, Docteur, dit-elle soudain. Je ne veux pas rater la fin du spectacle, cet artiste est d'un pervers !

Avant d'emmener Simon, elle me lança un os :

– Vous nous rejoindrez ?

Et sans écouter la réponse, elle ferma la porte.

Qu'elle parte, maudite femelle ! Qu'elle emporte tous ses sortilèges, toute sa malice, qu'elle se pende au bras de Simon, qu'elle referme la porte et qu'elle me laisse seul, qu'elle fasse donc comme si je n'existais pas ! La garce !

Amer désir.

Je sortis prendre l'air.

Au retour je n'avais pas les idées plus claires, mais la scène était vide. Simon était parti (probablement accompagné de Claudia) et il ne restait pas grand monde dans la salle. J'avais été absent un bon bout de temps, j'avais déambulé au hasard, j'avais essayé de tuer mon cafard.

Je fonçai vers le bar, en réclamai un double bien tassé, non, non, sans glace, sans eau, et bus d'un trait le bourbon pur.

Quelqu'un m'agrippa par l'épaule. J'aurais voulu qu'elle fût jolie, qu'elle fût un peu moins grande que moi, qu'elle me parlât de mon charme discret, qu'elle s'appelât Claudia, pourquoi pas? Mais ce n'était pas Claudia, c'était lui, le grand « artiste », le vampire sinistre qui m'avait enguirlandé. Je me dégageai de sa poigne sur-le-champ.

– Allez, te braque pas. Je pouvais pas savoir qui tu es.

Son anglais était beaucoup moins clair que lors de sa prestation. Il tronquait les mots, les crachait à demi formés pleins de consonnes et d'aspérités. Le fil de ses phrases ressemblait à du fil de fer barbelé. Peut-être fallait-il en accuser la grosse épingle fichée sur sa langue.

Je ne répondis pas, mais je sentis que je lui tenais la dragée haute. Je croyais même savoir pourquoi.

– C'est la scène, dit-il en prenant un air inspiré. Tu ne peux pas comprendre. Quand je sors du cercueil, je suis comme transcendé. Je n'ai rien contre toi en particulier, tu penses bien.

Je contemplais le fond de mon verre.

– Tiens, fit-il en me tiraillant la manche, c'est comme une fois, je m'en suis pris au fils du maire. J'étais devant des officiels à une soirée au centre-ville et je repère avant de passer sur scène un jeune gars avec une chemise bariolée, des pantalons pattes d'ef, des pompes à semelles compensées et une barbe de trois jours. L'échappé des années 70 ! Bon, je commence mon numéro et je lui rentre dedans. D'emblée plein pot ! Putain, le pauvre, je lui ai tout dit ! J'y ai enculé la tête dans tous les sens. À la fin il chialait comme un veau. À tel point qu'il s'est barré. Mais là, devine !... Personne n'a applaudi ! Le grand silence de mort. J'ai enchaîné tout de suite et j'ai terminé le spectacle avec la trouille au cul. Il paraît qu'il y avait des mecs de la mafia dans le public. Quand je suis arrivé en coulisse, Elsa (c'est mon assistante, celle qui me «réveille») m'a dit que j'avais fait la connerie du siècle, que je m'étais offert le fils du maire. Tu vois ça d'ici ! Le fils du maire !... Je me suis vu découpé en cubes au fond d'un sac-poubelle ! Elle et moi on a tout remballé et on s'est sauvés rapido. Eh bien, écoute, le plus beau c'est que non seulement il ne nous est rien arrivé mais qu'en plus on a reçu par la poste le chèque du cachet ! Comme quoi ils étaient pas rancuniers à la mairie.

Je distinguai très bien la morale de l'histoire, et ce que j'étais censé en faire, mais je restai muet. Lui, estimant sans doute qu'il avait su se racheter, passa au sujet suivant. D'un ton aussi anodin que possible, il me glissa :

– Dis donc, on m'a dit que tu connaissais Carcasse.

Nous y voilà !

– Oui, répondis-je.

– J'ai entendu parler de lui, tu sais. De ses pouvoirs, aussi.

En effet, Carcasse les collectionnait. Il en possédait même tellement qu'il en frisait l'omniscience. Seulement, j'avais essayé de le joindre dix minutes auparavant et il ne répondait pas au téléphone. Dieu n'était pas disponible, il était dans son atelier et soignait une loupiote déglinguée.

– J'aimerais bien le rencontrer, reprit le vampire. Tu crois que tu peux m'arranger ça ?

Non, je ne croyais pas. Mais il était tard et je

voulais aller me coucher. Les gens partaient, l'ambiance ne valait plus un clou.

J'ai haussé les épaules.

– T'es un pote, déclara-t-il comme si j'avais accepté.

Je reposai mon verre vide sur la table. Nous n'étions plus qu'une poignée dans la salle. Les terrassiers nous attendaient dehors. Il fallait en finir.

– Écoute, commençai-je, je pense que tu es victime d'un malenten…

– Rolland ! appela une voix.

– Quoi ! aboya-t-il.

Elsa, la mamelue « assistante » qui invoquait les dieux et les diables quelques heures plus tôt, s'amenait dans notre direction, sa face de catcheuse ruisselait de sueur.

– Mon van est en rade, dit-elle. On m'a crevé quatre pneus.

Le Rolland sursauta comme s'il venait de toucher du 220.

– Mais, et le matériel ? protesta-t-il. Et le cercueil, les projos ?

– Je ne sais pas, mon vieux. C'est un sale quartier par ici.

De fureur, elle en secouait sa tignasse.

– Je n'ai qu'une roue de secours, se désola-t-elle. Comment veux-tu que je fasse ?

– Ah, merde ! s'écria-t-il. Quelle galère de bosser avec toi !

– Elle est bonne, celle-là, c'est quand même pas de ma faute !

– C'est de la mienne peut-être ?! Putain, comment je vais faire ?

Elle baissa les épaules. Encore un mastodonte qui se faisait mener par le bout du nez.

Le vampire se tourna vers moi.

– Tu as une voiture ?

– Oui, balbutiai-je.

– Elle est spacieuse ?

– Tu vas pas me laisser en plan dans cette banlieue merdique ?! s'emporta l'obèse nana.

– Un break Pontiac, dis-je.

– Toi, ta gueule ! lui cria-t-il, j'essaie d'arranger nos bidons.

Puis, à moi :

– Bon, on va tout charger dans ton coffre.

Considérant que la discussion était terminée, Rolland s'en alla vers la scène.

– Je te donnerai de l'argent pour un taxi, dis-je à la fille. Mais je suis sûr qu'on te trouvera une place.

Je suis allé chercher ma voiture, que j'ai garée à cul contre les marches du bâtiment. Au passage, j'ai noté que les terrassiers attendaient dans une Ford près de la sortie.

J'ai aidé mes deux guignols à charger leurs outils de foire. Nous avons fait plusieurs essais infructueux pour nous rendre compte que vraiment, même en poussant, même en forçant, même en rusant, leur équipement ne rentrerait pas en entier dans la Pontiac. C'était l'heure des choix.

– Je te préviens, je ne laisse pas mon cercueil ici ! dit-il.

– Et si on nous fauche les projos ?!

– Je m'en fous, ils sont pas à moi.

– Demandez aux serveurs, dis-je à la fille, peut-être que l'endroit possède un cagibi qui ferme à clé. Vous mettrez vos affaires en sécurité et vous reviendrez les chercher demain.

Elle s'est frotté le ventre avec une main, un geste qui semblait particulier aux obèses. D'un coup de tête, elle a balancé sa crinière sur ses omoplates.

– Bon, je vais aller voir.

Elle a tourné les talons et, à peine avait-elle disparu, que Rolland s'est jeté sur le cercueil.

– Vas-y, prend l'autre bout ! me dit-il.

– Mais !...

– Vas-y, je te dis ! On va la laisser se démerder. Elle me casse les burnes !

Nous avons casé la bière dans la bagnole et il a grimpé sur le siège du passager.

– Fonce ! m'a-t-il jeté en ouvrant la vitre de son côté.

– Et elle ? !

– Elle nous fait chier !

J'ai pris place derrière le volant et j'ai descendu l'allée au ralenti. Elsa n'est pas apparue dans mon rétroviseur. Par contre les terrassiers ont déboîté et nous ont suivis à distance.

– Tu comprends, me dit-il alors que nous prenions la bretelle d'autoroute, c'est toujours la même chose avec les bonnes femmes. J'en ai marre de les entendre gémir. En ce moment il y en a trois qui me collent, des filles dont j'ai plus rien à foutre. J'ai essayé de leur expliquer que je voulais juste tirer mon coup et basta, mais, penses-tu ! depuis deux mois qu'elles s'accrochent ! Plus t'es vache et plus elles aiment ça, on dirait !

Je n'ai rien répondu, encore une fois. Mais est-ce que ce type s'était aperçu que je ne lui avais pas adressé plus de vingt mots dans la soirée ? Est-ce qu'il avait conscience qu'il n'était pas tout seul sur cette Terre ?

– Bon, cela dit, Elsa est sympa, reprit-il. Pas chiante du tout et pleine de bonne volonté. Elle m'a déjà sorti de pas mal de situations. Tiens, une fois elle a foutu une trempe à un connard qui n'avait pas compris le sens du spectacle et...

Je ne l'écoutais plus.

Nous avons roulé vers le nord de la ville à petite allure. L'instant aurait été agréable s'il ne m'avait pas bassiné avec ses histoires scabreuses. Un souffle d'air passait par les vitres ouvertes, la grosse masse noirâtre du centre-ville avançait vers nous.

Chicago m'impressionnait encore, les proportions grandioses de son architecture, la puissance de sa carrure, les angles saillants de ses tours m'inspiraient un sentiment absurde de fierté. Les verticales poussaient leurs épaules dans la nuit, les pointes trouaient les nuages, les cubes frottaient contre le ciel. J'aimais cette cité rugueuse et imperméable, je m'y sentais accepté et protégé.

J'ai pensé à Simon qui nourrissait la même dévote passion pour cet endroit. Je me suis demandé ce qu'il fabriquait à cette heure, si Claudia criait son nom en agrippant les draps, s'ils pensaient à moi ces deux-là. Claudia représentait le rêve d'une soirée, une recharge de fantasmes qui me durerait plusieurs jours, une torture lente et pénible.

Nous avons emprunté la bretelle qui menait vers Fullerton alors que le vampire jacassait. À un moment il a sorti un sachet en papier cristal et m'a conseillé de ne pas faire tanguer la voiture. Il a répandu un filet de poudre sur le tableau de bord. Quand il a dirigé son bout de paille vers la ligne blanche, j'ai fait une légère embardée pour éviter un nid-de-poule. Il a essayé de sniffer la coke qui lui maculait les genoux, mais sans succès. Il a rangé son petit matériel en râlant.

Nous avons dépassé Ashland alors qu'il me demandait si j'étais contre la drogue. Il a attendu la réponse, puis il s'est rendu compte que quelque chose ne tournait pas rond.

– Où vas-tu ? questionna-t-il.

Je faillis répliquer « en enfer », c'eût été une bonne réplique, mais nous n'en étions plus là. Je n'avais pas besoin de faire le malin. J'ai tourné à droite dans Marshfields et nous avons longé la voie ferrée.

– T'as intérêt à t'expliquer ! me prévint-il.

– Ne crie pas, lui dis-je. De toute façon, tu es immortel, non ?

– Qu'est-ce que c'est que cette connerie ?

– L'éternité t'appartient, tu n'as rien à craindre, chuchotai-je.

Il a remué sur son siège. D'un coup sec il a déplié un rasoir devant moi. J'ai contemplé l'antique coupe-chou avec des yeux froids.

– Arrête-toi ! ordonna-t-il.

Je me suis rangé sur le bas-côté, le long du chemin de fer.

– Tu vas me ramener chez moi sans faire d'histoires, grinça-t-il.

Par les vitres ouvertes me parvenaient des

odeurs d'humus cuit et de bitume chaud, nous étions échoués dans un coin tout à fait tranquille. J'ai coupé le moteur et j'ai perçu le bruit d'un train dans le lointain. C'était une loco Diesel et l'engin arrivait à bonne allure. Je sentais le volant vibrer.

– T'as entendu ce que je t'ai dit ? a-t-il hurlé.

– Oui, j'ai entendu, je ne suis pas sourd.

J'étais très calme, très maître de moi. Cela ne se produisait pas si souvent et je savourais le moment. Je ne prêtais pas beaucoup d'attention au fait qu'il ait placé le rasoir sur ma gorge.

– Calme-toi, lui dis-je. Ça va bien se passer.

Je l'ai regardé et j'ai vu la terreur sur son visage. J'aurais pu lui sortir une phrase pleine d'ironie, j'aurais pu me moquer de lui ou faire le malin. Mais je me suis contenté de baisser les yeux. Je n'avais rien à prouver.

Le train nous est tombé dessus brutalement et la puissance de son souffle a failli faire chavirer la voiture. Nous étions sous le choc quand un bras a jailli par la vitre de son côté, un bras énorme avec une main d'étrangleur accrochée au bout. La patte a saisi le vampire au visage et d'un coup sec lui a sonné trois fois le crâne contre le montant de la ceinture de sécurité. Il a lâché son rasoir et a perdu connaissance. J'ai attendu que tout soit tranquille avant de bouger.

J'étais censé vivre à présent un instant hautement sensuel, un acte chargé de désir et de volupté. Cependant, quoi qu'on en dise, je ne songeais qu'à rassasier ma faim. J'ai ramassé le rasoir qui était tombé sur le sol et j'ai pratiqué une incision minuscule à la base du cou de Rolland. Ensuite, j'ai embouché la plaie et je me suis mis à téter. Au cours de l'opération il s'est peu à peu affaissé, comme si on dégonflait une poupée en plastique. J'ai sucé sa vie jusqu'à la dernière goutte sans qu'il se réveille. Il possédait un sang épais et sirupeux, un sang de bien nourri qui contrastait avec son aspect maladif. Carcasse l'avait bien choisi et je n'ai pas boudé mon plaisir.

Repu, je me suis redressé sur mon siège, en proie à des songes sans conséquence. J'étais souvent envahi d'une étrange nostalgie quand la fête mourait. J'aimais la paix retrouvée, le chaos apaisé, j'aimais les vagues qui s'écrasent contre le rocher dans un grand fracas et se retirent dans un bruissement de mousse. J'adorais ces secondes proches de l'hébétude et de la stupéfaction, quand le silence possède encore le goût du vacarme. Cela convenait à ma nature contemplative.

Un peu ballonné (j'avais l'habitude), je me suis étiré sur mon siège et j'ai fait un signe de la main aux terrassiers. Je leur ai tendu les clés du coffre et ils ont déchargé le cercueil. Ils ont sorti le vampire, l'ont rangé dans sa boîte. Ils sont allés chercher leurs pelles et leurs pioches.

– Bon anniversaire ! m'a crié l'un d'eux avant d'attaquer le ballast de la voie ferrée.

Je leur ai dit merci avant de démarrer. Je venais de fêter mes 276 ans.

2

Ils m'ont foutu en taule. Mais pas pour le meurtre de Rolland-le-vampire. Deux policiers m'attendaient chez moi avec un quintal de bedaine chacun. Sans un mot d'explication, ils m'ont invité à appliquer mes mains sur mes fesses et m'ont passé les menottes. Je remerciai l'obscurité qui me masquait aux regards de mes voisins, je calculai que j'en avais encore pour une demi-heure avant que le jour se lève.

J'ai à peine vu le poste de police, les couloirs qui sentaient la peur et le hot dog moisi, le comptoir en fer où un inspecteur a prononcé mon incarcération. J'étais pressé, je n'avais pas beaucoup de temps. D'ailleurs ça n'a pas traîné, tout de suite ils m'ont emmené au sous-sol, et j'ai respiré un peu mieux. Le soleil dardait ses premiers rayons quand j'ai disparu dans l'escalier.

Mes gardiens et moi avons traversé l'allée où s'alignaient les cellules. Ils ont ouvert une porte à droite, m'ont enlevé les poucettes et je suis entré dans mon cachot en me frottant les poignets. Par acquit de conscience, et pour bien me persuader que ce n'était pas de la rigolade, je me suis assuré que l'endroit ne comportait aucun soupirail, aucune ouverture. Tranquillisé, je me suis laissé aller sur la planche en bois qui servait de lit. « Au moins, je ne peux pas tomber plus bas », me dis-je, et j'ai tiré un médiocre réconfort de cette image.

Ils m'ont réveillé deux fois pendant la journée, et chaque fois pour des mauvaises nouvelles. D'abord ils m'ont servi un repas infect, ensuite Prince Saint-Jacques, un inspecteur qui parlait français, m'a interrogé. Les deux opérations m'ont laissé un goût dégueulasse dans la bouche. L'inspecteur Saint-Jacques m'avait appris une triste nouvelle : Lillian Cummings, une des filles du dortoir dont je m'occupais, avait été assassinée la nuit dernière. Saint-Jacques ne m'avait pas caché que j'étais sur la liste des suspects et m'avait cuisiné en tant que tel. Je lui narrai brièvement la fête de mon anniversaire, ce qui n'eut pas l'heur de le satisfaire. Il me demanda à quelle heure j'avais quitté la fête, je lui dis vers trois heures. Il me fit remarquer que des policiers m'avaient attendu chez moi dès quatre heures et que je n'étais apparu qu'une heure plus tard, vers cinq heures du matin. Il y avait donc un trou de deux heures dans mon emploi du temps. Nous avons observé un moment de silence parce que je cherchais un mensonge plausible. Finalement je lui donnai le nom de Carcasse et Saint-Jacques me dit qu'on allait vérifier ça tout de suite. Il me remit en cellule.

Là, j'ai attendu un peu en essayant de me détendre, puis j'ai décidé qu'il était temps d'agir et j'ai secoué les grilles.

– Hé, geôlier ! criai-je. Geôlier !

Placé comme je l'étais, je ne voyais pas grand-chose. Ma cellule se trouvait en bout de parcours, dans un angle mort.

– Hé ! geôlier ! repris-je un peu plus fort.

Un énorme flic est apparu dans mon champ de vision. Un personnage au crâne entièrement rasé, sourcils compris, avec du métal gelé qui filtrait sous ses paupières. Il tenait une matraque à la main, un bout de bois tout rond noyé sous une fine couche de caoutchouc. Il ne m'a même pas regardé. Il s'est passé la langue sur les lèvres avec un air fou.

– Putain, je les aime comme ça ! a-t-il salivé. Bien énervés, bien bandants, des petits malins qui me prennent pour leur domestique.

Il s'excitait tout seul en claquant son gourdin sur la paume de sa main gauche.

À la surprise, il a cinglé les barreaux de ma cage de toutes ses forces. C'est tombé à deux millimètres de mes doigts. Je me suis jeté en arrière et je suis allé me recroqueviller dans un coin.

– Je pensais que j'avais droit à un coup de téléphone, me plaignis-je.

Toujours sans se tourner vers moi, il a secoué son torse de bouddha.

– Oh, mais tu l'auras ! Ne t'inquiète pas ! Coup de téléphone et coup de saton ! Tu auras tout ! On te prépare la totale !

Je ne sais pas ce qui m'effrayait le plus, si c'étaient ses yeux de maniaque ou les tremblements d'épileptique qu'il infligeait à sa carcasse. Il a fini par s'en aller.

Je suis resté dans le bleu du néon à ruminer quelque sombre vengeance. Je passais par toutes les phases du « j'aurais dû lui dire » et du « j'aurais dû lui faire », mais l'exercice ne m'a pas calmé. Enfin, au bout d'une longue heure, j'ai entendu plusieurs personnes approcher. Je me suis levé.

L'inspecteur Prince Saint-Jacques m'a ouvert la grille. Il portait encore son tee-shirt blanc, ses jeans délavés, sa ceinture de cow-boy, ses baskets blanches.

– Vous pouvez téléphoner, me dit-il en français. L'appareil est près de la sentinelle.

Depuis le début il s'était adressé à moi dans la langue de Cavanna, depuis qu'il avait lu Jean Belmors sur mon permis de conduire. Il semblait en tirer un immense plaisir.

Je me suis dirigé vers le combiné et j'ai appelé Carcasse en priant pour qu'il décroche. À la dixième sonnerie, il s'est enfin emparé du téléphone.

– Bon anniversaire, mon petit Jean ! dit-il en français.

– Gilles, je suis chez les flics !

Il permettait à très peu de gens de l'appeler par son vrai nom.

– Notre attrapoire aurait-elle été découverte ? souffla-t-il.

Je ne pouvais pas lui répondre avec des oreilles de flics partout autour de moi.

– Il paraît qu'une fille est morte au dortoir de Saint-Josaphat, l'informai-je, qu'elle a été torturée par un sadique. Je suis sur la liste des suspects.

– Menteries et calembredaines ! Qu'as-tu à voir avec ce forfait ?

Je contemplais Prince Saint-Jacques qui s'était saisi de l'écouteur et suivait la conversation d'un air de francophone ravi.

– Rien !... Rien du tout ! Mais, tu les connais, ma bonne foi ne leur suffit pas.

– Qui t'a embastillé ?

– Un inspecteur qui est à côté de moi et qui parle français, précisai-je. Je te le passe.

– Que nenni ! protesta Carcasse. Ses accusations ne m'intéressent pas. Je vais parler à Dieu !

– À Dieu ?...

– Plutôt qu'à ses saints ! La levée d'écrou se fera bientôt, et à la faveur des ténèbres, n'aie crainte.

– Je te signale que nous ne sommes pas seuls sur la ligne et que...

Mais il avait raccroché.

J'imaginais sans peine que le téléphone allait sonner chez une bonne douzaine de gros pontes dans la prochaine demi-heure. Je connaissais l'influence de mon homme, ses moyens de pression, sa puissance. Je repris confiance.

– Gilles ? me demanda Saint-Jacques. Gilles comment ?

Était-il naïf ou tout simplement idiot ?

– Gilles Alazard, répondis-je.

– Un drôle de nom, apprécia-t-il.

– On l'appelle aussi Carcasse, soulignai-je. Je pense que vous situez le personnage.

– Carcasse ? Encore plus curieux ! Non, je ne vois pas. Un de vos parents ?

Mais d'où venait cet hurluberlu ?

– Renseignez-vous parmi vos collaborateurs, monsieur l'inspecteur Saint-Jacques. Vous saurez tout en l'espace de dix minutes. Bon ! Maintenant, refoutez-moi en taule !

Je n'avais l'habitude ni d'être hautain ni d'être arrogant, mais le gros geôlier m'avait passé les nerfs à la râpe.

– Pourquoi ne doit-on vous relâcher qu'à « la faveur des ténèbres » ? insista-t-il.

– J'entretiens une lubie, je ne supporte pas la lumière du jour.

– Hum !...

– Cela fait partie de ma panoplie de détraqué. Ça et mon amour du cuir, des chaînes, des rasoirs.

J'étais allé trop loin. Il s'est soudain souvenu qu'il était le chef.

– Tu vas te calmer un peu, mon gars, a-t-il murmuré en anglais. Que ton copain te sorte de là, parfait. En attendant tu es encore à ma merci... et je pourrais très bien décider que Jones s'occupe de toi pendant le temps qui nous reste à passer ensemble.

Jones, le gardien fou, a poussé un cri de souris. Après quoi il a entrepris de lécher sa matraque comme si c'était un cornet de glace. Je suis rentré dans ma coquille.

– Je m'excuse, balbutiai-je. Je ne voulais pas vous vexer.

– Ferme-la un peu, m'a-t-il conseillé. On va te ramener en cellule.

Jones m'a poussé devant lui du bout de son bâton. Saint-Jacques n'a rien dit quand j'ai reçu la matraque dans les reins, peut-être l'avait-il même commandé d'un signe discret. De toute façon je me suis écroulé par terre en gémissant. J'ai essayé d'arrêter de respirer pour contenir la douleur mais elle m'a quand même submergé. Quelqu'un m'a ramassé par le fond de culotte, m'a traîné sur quelques mètres, puis m'a balancé dans mon cachot. Je remarquai au passage que cette petite scène avait soulevé l'enthousiasme des autres détenus.

– Ne te relève pas tout de suite, m'a dit Jones en refermant la porte.

Il a soupiré, a rangé sa matraque dans sa ceinture. Il a murmuré :

– Je suis désolé, petit.

Je n'étais pas en état de répondre, je suis resté affalé contre le mur.

– Diantre, sont-ils obtus !

Carcasse ! C'était lui ! Je l'entendais qui descendait les marches, son français d'un autre siècle me semblait la voix du libérateur.

– Et vous ? Qui êtes-vous ? Un autre faquin ?

– Je suis l'inspecteur Prince Saint-Jacques, et très heureux de vous rencontrer.

Les pas se rapprochaient.

– Inspecteur ! vociféra-t-il, vous avez abusé de vos pouvoirs en incarcérant un innocent ! Je vous relève de vos fonctions !

Le visage éberlué de Saint-Jacques apparut à ma grille.

– Qui êtes-vous ? finit-il par dire.

Carcasse fronça les poils de sa barbe en pointe. Sa face de beau mousquetaire s'allongea et il lâcha d'une voix de stentor :

– Vous en aurez bientôt connaissance ! En attendant, relâchez cet homme !

Le gros Jones les accompagnait. Il se tenait au bord de cette engueulade à laquelle il ne comprenait rien, aussi discret que possible. Il avait tout de même son trousseau de clés à la main, au cas où.

– Vous devriez faire attention, monsieur Alazard, répliqua l'inspecteur. Ici, dans ce commissariat, je suis l'équivalent d'un demi-dieu.

– Eh bien, saluez, gandin ! Vous venez de rencontrer le grand Barbu. D'ailleurs, foin des discussions, je vais vous le prouver.

D'un tour de main, il vola un papier qui dépassait de la poche de Saint-Jacques. L'inspecteur tenta de le lui reprendre, puis fit signe à Jones de neutraliser Carcasse. Mais Jones ne bougea pas.

– Je viens de parler au superintendant, déclara mon ami en agitant la feuille subtilisée. Et cela suffirait à ouvrir l'huis de cette cellule, vous le savez aussi bien que moi.

Ce que disant il déplia le papier.

– Vous êtes un fin limier, n'est-ce pas ? Alors je vais aider votre enquête. Suivez bien ma démarche. Oh, mais que vois-je d'écrit : « Monsieur Belmors n'est pour rien dans le crime de Lillian Cummings. » Une main de femme a tracé ces lignes. Que dis-je, une femme, une adolescente ! Les points ballons qui chevauchent les *i* en sont un signe, la feuille arrachée à un quelconque cahier d'écolière, un gage, et l'encre pourpre de la plume employée sur ce paraphe, une confirmation. Je puis aussi vous dire que la note fut dénichée sur les lieux du crime, et je m'étonne qu'une pièce à conviction d'une telle importance ait fini dans la poche négligente d'un sous-fifre. Les chances d'en découvrir plus sont à présent gâchées. Monsieur, je vous rends ce chiffon.

Mais il ne rendit rien du tout. Il se contenta de tirer sur les pans de son costume bleu nuit, inclina son stetson et me lança un coup d'œil complice.

– Voilà, monsieur l'inspecteur, vous venez de voir Dieu à l'ouvrage et cette prouesse mérite salaire. Obtempérez à mon ordre ou soyez sûr que vous écoperez de la prochaine calamité qu'il me semblera bon de créer. Ouvrez cette geôle !

Saint-Jacques se mordit un coin de lèvre, regarda son interlocuteur bien en face, puis soupira :

– Jones, vos clés !

Jones s'empressa et, bientôt, ma porte s'ouvrit à la volée. Pas content, le Prince.

Je décidai de ne pas en rajouter et me levai de ma couche en me massant les reins. Carcasse me prit par un bras.

– Avant de partir, je me pique de savoir si monsieur Belmors a répondu à toutes vos questions.

Puis s'adressant à moi :

– Mon petit Jean, que leur as-tu dit ?

– Ce que je sais, répondis-je. J'étais absent hier soir, comme tous les dimanches soir, j'ai passé la nuit en compagnie de plus de trois cents personnes qui s'employaient à fêter mon anniversaire. Je suis rentré juste avant l'aube pour trouver deux policiers qui m'ont emmené sans explications.

– Manières de rustres, concéda Carcasse. Mais, dis-moi, connaissais-tu Lillian Cummings, la petite qui est décédée au lycée de Saint-Josaphat ?

– Elle occupait la chambre 21 du dortoir. Elle avait 15 ans, très jolie. Elle était toujours une des dernières à sortir de la salle de bains le matin, ce qu'elle ne consentait à faire que maquillée et habillée comme une princesse. Je n'en sais pas plus sur son compte.

Cet étrange interrogatoire entre deux rangées de cellules agaçait l'inspecteur. Quoique, à la réflexion, je le devinais aussi très content que le vieil effronté s'occupât de me tirer les vers du nez. Saint-Jacques ne m'avait pas posé tout à fait ces questions-là lors de notre première entrevue. De plus, je ne répondais pas de la même manière à mon sauveur qu'à mon bourreau.

– La petite était donc coquette, marmonna Carcasse. Un détail significatif ! Avait-elle un petit ami ?

– Je ne sais pas.

– Ne me mens pas, Jeannot !

– Je ne mens pas ! Nous sommes en septembre et l'année scolaire vient juste de commencer. Je ne connais pas encore ces filles. De toute façon, tu penses bien qu'elles ne me font pas de confidences sur l'oreiller.

– L'image est osée et pourrait te valoir les assises, surtout pour un esprit zélé comme celui de notre inspecteur. Mais continuons. La petite Cummings te paraissait-elle équilibrée, saine d'esprit ?

– Encore une fois je ne sais pas. Jusqu'à ce matin elle n'était rien de plus qu'un nom sur un cahier d'appel.

– Fouillez-vous les chambres de ces demoiselles de temps en temps ? Pratiquez-vous l'inspection-surprise ?

– Absolument pas ! m'indignai-je. Je ne pénètre jamais chez elles. Leur chambre est un endroit sacré.

– Alors comment sais-tu qu'elles ne font pas de bêtises ?

Il se doutait de la façon dont je m'y prenais, mais pour Saint-Jacques je fis l'effort de m'expliquer :

– Eh bien, j'ai l'ouïe très développée. Je n'ai en général pas besoin d'entrer quelque part pour savoir ce qui s'y passe. Par exemple, je peux vous dire que le type enfermé là-bas est en train de gratter les murs de sa cellule et d'en bouffer la peinture.

En même temps je désignai un cachot situé à

une dizaine de mètres. Je répétai la phrase en anglais et Jones se précipita en grognant. Carcasse attendit qu'il ait fini de gueuler pour reprendre :

– Et depuis le début du trimestre, tu n'as rien entendu de spécial : des cris, des gémissements, des supplications, des coups, que sais-je ?

Le lexique sonore qu'il évoquait ne me semblait pas adéquat pour décrire l'ambiance de l'internat. J'avais surpris à l'occasion des regards noirs, j'avais même parfois été le témoin de chamailleries. Mais je n'avais jamais assisté à de réelles violences. Les empoignades, les batailles en bonne et due forme n'étaient pas leur lot. Mes donzelles se servaient plutôt des sous-entendus pour régler leurs différends.

J'aurais pu raconter tout ça à Carcasse, mais je ne désirais pas offrir ce bifteck aux mâchoires policières. Car je savais aussi les pleurs que mes petites protégées étouffaient dans une taie d'oreiller, le nez qu'on mouche au milieu de la nuit, les maquillages qui coulent sous les larmes, les injures proférées à mi-voix, les visages passés sous l'eau froide, les blues qu'on chante en silence. Je ne me sentais pas le cœur de dévoiler cette détresse.

Bien que je fusse d'une lâcheté sans bornes, je me serais fait découper en morceaux pour ces filles. Chaque soir elles se confiaient à ma vigilance et je m'assurais qu'elles passent la nuit en sécurité. Elles étaient les seules femmes, ou presque femmes, qui me traitassent gentiment, ce qui m'inspirait des sentiments chevaleresques.

– Je n'entends jamais rien de suspect, répondis-je, enfin rien qui mérite un rapport de police. Je m'oblige à une ronde la nuit toutes les deux heures pendant laquelle je vérifie les issues et le silence des lieux.

– Conscience professionnelle qui t'honore. Mais revenons à leur vie privée. Personne ne pénètre dans leur chambrée, dis-tu ?

– Non. Elles assurent le ménage et l'entretien de leur domaine elles-mêmes.

– J'entends bien. Cependant, parmi les autres répétiteurs, y aurait-il un maroufle qui se permît des privautés ?

Je songeai évidemment à Denis, celui qui n'avait pas peur de parcourir les couloirs en slip, exhibant sa poitrine et son bedon en gelée de bière, celui qui surgissait à l'improviste dans les chambres des filles, celui qui passait parfois la main au cul des plus plantureuses et lançait des plaisanteries vaseuses dès qu'il voyait une petite en chemise de nuit, celui qu'elles feignaient de craindre.

Mais, là encore, je n'allais pas vendre la mèche. Denis, pour malotru qu'il soit, n'aurait pas fait de mal à une mouche. D'ailleurs, les filles s'en apercevaient vite et le traitaient comme un nounours un peu pervers auquel elles pouvaient se fier. Il est vrai qu'il aurait fondu en larmes si l'une d'elles l'avait giflé.

– Je ne connais personne qui n'obéissent pas à cette règle, déclarai-je. Il est déjà bien embêtant que l'administration du lycée ait assigné des surveillants masculins pour surveiller des jeunes filles, sans, en plus de ça, leur chercher noise en fouillant leurs affaires. Carcasse, ne cherche pas de ce côté-là, la piste est mauvaise.

– Bien. Alors si tu n'es pas le meurtrier et si aucun de tes confrères ne peut l'être, que nous reste-t-il ?

– Écoute, je ne sais pas. Je ne connais pas les détails du crime. Je ne suis pas payé pour mener l'enquête. Adresse-toi donc à monsieur Saint-Jacques.

Je voulais surtout que nous partions de ce lieu sordide. L'heure de la soupe allait sonner et les ombres s'agitaient au fond des cellules. Jones se demandait de plus en plus ce qu'il fichait là.

– Une dernière question, insista Carcasse. J'ai vu dans les déclarations que tu as faites à l'inspecteur que ton emploi du temps de la nuit dernière comporte une erreur. Car dans le trou de deux heures entre le moment où tu es parti de la fête et celui où tu es arrivé chez toi, tu n'es pas venu me rendre visite, rappelle-toi. Qu'as-tu fait ?

Le vieux grigou le savait parfaitement, c'était lui qui m'avait «offert» Rolland, lui qui avait engagé les terrassiers. Mais c'était une manière de me dire qu'il ne pouvait pas me couvrir pour le laps de temps en question, qu'il allait falloir que je me trouve un autre alibi. Et cela sous le nez de Saint-Jacques. J'admirais son culot.

– Je me souviens maintenant, dis-je, je suis allé chez Simon, Simon Renard, 2227 N. Clybourn. Nous avons parlé un peu et je l'ai quitté avant le lever du jour. Quand monsieur l'inspecteur m'a interrogé et qu'il m'a appris la mort de Lillian, j'ai été secoué et j'ai oublié ce détail. D'ailleurs, Simon sera prêt à confirmer mes dires, déclarai-je en me tournant vers Saint-Jacques.

Après quoi je lançai un regard suppliant à Carcasse. Il bloqua le message et lança d'un ton ferme :

– Eh bien, inspecteur, je pense que nous avons poussé l'interrogatoire aussi loin que possible. Voyez-vous des lacunes dans la version qui vient de nous être servie ?

L'inspecteur leva les yeux au ciel en se grattant la clavicule. Manifestement notre petit numéro ne l'avait pas convaincu. Mais il semblait en avoir marre lui aussi de ce cul-de-basse-fosse. Il tourna les talons et nous guida vers l'extérieur. Les détenus se mirent à brailler.

Carcasse m'entraîna directement vers la sortie. Au passage il remercia le chef de la police, un petit homme chauve qui s'avança vers nous et nous ouvrit la porte, et, rassurez-vous, monsieur Carcasse, cela ne se produira plus, je vais parler à mon inspecteur qui, j'en suis certain, conviendra de son erreur.

– Il a une tête en bois, votre Saint-Jacques, répondit Carcasse en anglais. Du bois dont on fait les meilleurs chiens de chasse. Ne lui cassez pas trop les reins.

Nous avons jailli dans l'air saturé d'ozone, je sentais les prémices d'un orage, l'automne s'en venait avec des roulements de timbales. J'ai aussi savouré le grondement de la ville, son basson de colosse. Mon ouïe s'est déployée comme une antenne parabolique. Nous nous sommes dirigés vers la vieille Rambler de Carcasse qui occupait deux places de parking.

Au moment où nous allions démarrer, Saint-Jacques a toqué à ma vitre.

– Monsieur Alazard, vous avez oublié de me

rendre la note qui a « innocenté » monsieur Belmors, dit-il.

Vexé (il avait l'intention de détruire l'objet, probablement), Carcasse la lui a tendue en grimaçant :

– Vous ne voyez pas d'inconvénient à ce que ce digne vigile reprenne sa faction ce soir au lycée de Saint-Josaphat ?... questionna-t-il.

– Pas du tout.

– Dans ce cas hâtons-nous, car il est déjà en retard.

Et il enfonça l'accélérateur.

– Appelle Simon pour lui expliquer qu'il est devenu ton alibi, dit-il en prenant Dearborn.

J'ai décroché le téléphone entre les sièges et j'ai palabré dix bonnes minutes avec le docteur qui accepta sans condition de corroborer mon histoire.

– Un nouveau voisin s'est installé à quelques pas de chez moi, déclara Carcasse après que j'eus raccroché. Un imprudent qui a laissé son chien japper pendant deux jours dans son jardin. Je ne pense pas avoir été repéré, mais dans le doute, tu comprends que je n'aie pas voulu prendre le risque de te couvrir.

– Alors tu t'es offert un clébard, hein ? De quelle race ?

– C'était un berger allemand de belle maturité et le drôle ne s'est pas laissé faire. Heureusement que ma peine fut récompensée par une chair juteuse pleine de santé et de vitamines. Sans compter que ses maîtres avaient eu la bonne idée de le doucher la veille.

– C'est ta gourmandise qui t'a empêché de venir à la fête ?

– Cela et l'amour de la quiétude. Ce matin le quartier avait repris sa tranquillité coutumière. Il faut avouer que le molosse possédait un timbre perce-muraille qui m'avait tenu éveillé deux journées entières. J'ai aussi apprécié que ses propriétaires pleurent sa dépouille en silence. Je leur ferai parvenir le collier de la bestiole, ou du moins ce qu'il en reste, en signe de gratitude.

– Parle-moi du crime de Lillian. Tu as lu le rapport d'enquête, n'est-ce pas ?

Il pêcha un étui à cigares dans la poche de sa veste. Il m'en proposa un mais je n'aimais pas les Toscans. Il alluma son tortillon de tabac avant de prononcer :

– Oui, je l'ai parcouru.

– Alors ?

– Alors tu vas devoir user de prudence, mon petit Jean. Quand la presse s'intéressera à l'affaire, elle va se rendre compte que tu n'es pas un citoyen comme les autres. La renommée ne nous vaut rien, rappelle-toi !

– Tu ne réponds pas à ma question.

– Peut-être que je n'en ai pas envie.

– Et l'autopsie, tu l'as lue ?

Ses doigts se sont serrés sur le volant. J'ai attendu sa réponse un bon moment en le fixant.

– La canaille qui a charcuté la donzelle est un malade... articula-t-il. Je ne voudrais pas que tu te fasses d'illusions. La fillette a agonisé longtemps avec l'artère fémorale sectionnée.

Je ne l'avais jamais vu inquiet. Un cordon invisible me serra la gorge. Je regardai son visage fermé. Il en savait plus long qu'il ne voulait bien me le dire. Je cherchai quelques instants ce qui pouvait le tracasser. Puis j'eus une intuition.

– Tu le connais ? m'écriai-je. C'est bien ça ? Tu connais l'assassin ?

Il a ouvert sa vitre et a balancé son cigare dans la nuit.

– Non, je ne le connais pas. Mais lorsque j'étais au commissariat j'ai entendu qu'ils avaient une piste.

– Laquelle ?

– Un dément se serait échappé récemment d'un asile, un être extraordinaire... effrayant.

– Et ?...

– Je n'ai pas plus de détails. Mais je procéderai à ma propre enquête, sois tranquille. Je te dépose à ton travail ?

– Oui.

Après quoi il s'enfonça dans une longue rêverie et me conduisit à Saint-Josaphat dans le roulis des ressorts mous de la Rambler.

3

L'ambiance avait changé au dortoir du Saint-Josaphat High-School. Carcasse me déposa devant le mur d'enceinte, partit sans attendre. L'atmosphère des lieux, d'habitude saine et tranquille, était maintenant plus tendue, comme viciée par un invisible poison. Dans la cour du lycée étaient garées deux voitures de police avec de gros flics en uniforme qui mouraient d'ennui sur leur siège en cuir. Sur le perron on avait déroulé une bande de plastique jaune proclamant que l'endroit était occupé par la police et, dans l'escalier qui montait aux chambres, je surpris deux hommes en blouson qui écrasèrent leur cigarette lorsque je les croisai. Je gravis les marches jusqu'au dernier palier. L'internat se trouvait sous les combles. Là, je tombai sur un autre gars à gourmette en or. Il ne m'adressa pas la parole.

Je passai la porte du dortoir, et la bonne vieille odeur de bois, d'urine sèche et de plâtre retrouva ses droits. Les filles étaient déjà toutes dans leur chambre, ce qui me choqua car, à cette heure, elles étaient d'habitude encore dans la cour, cachées dans les recoins de la pelouse en train de papoter ou de fumer des cigarettes.

Je devinai que Saint-Jacques avait ordonné cet état de siège, quelques consignes du genre : « Couvre-feu à huit heures, je veux tout le monde sur le pied de guerre dès la tombée de la nuit. » Il espérait sans doute déjouer les manœuvres de l'assassin. Selon moi le cinglé avait repris sa vie, et frapperait dans une semaine, un mois, dans un autre quartier de la ville. Je ne connaissais pas les conclusions du rapport d'enquête, mais j'avais le sentiment que le type était rusé, qu'il n'en était pas à son coup d'essai, et qu'il savait s'y prendre avec la police.

Pour l'heure, cependant, nous devions supporter ce déploiement de force et prendre notre mal en patience. Personne n'osait moufter dans l'internat.

J'ouvris la porte de ma chambre, lâchai une injure. Un énorme bordel m'attendait. Sur le plancher gisaient des sacs de chips, des bouteilles de bière, des mouchoirs en papier. Le lit avait été retourné, les tiroirs de la petite commode ouverts et leur contenu répandu sur le sol. Le calendrier mural trônait sur le bureau au milieu des stylos éparpillés et des feuilles de papier machine dispersées. Quelqu'un, pour parachever l'œuvre, avait planté la pointe du coupe-papier dans le bois de la tablette. Peut-être bien parce que le seul téléphone de l'étage se trouvait ici.

Je songeai un instant à aller m'en plaindre au premier inspecteur que je rencontrerais, puis je pensai qu'une querelle ne ferait qu'envenimer les choses. Je pris donc sur moi, commençai à remettre un peu d'ordre.

Je partageais cette carrée avec Frank Dougherty, un étudiant en droit qui assurait la permanence quand j'étais absent et dont j'appréciais le sens de la propreté et les manières courtoises.

« Au fait, me dis-je, Frank était de garde hier soir ! Comment se fait-il que je ne l'aie pas vu au commissariat ou que Saint-Jacques ne m'ait pas posé de questions sur son compte ?... Denis saura la réponse. »

L'internat n'était qu'un couloir percé de portes. À chaque bout se trouvait la chambre des pions et entre les deux étaient alignées celles des pensionnaires. Les chambres, dotées pour chacune des occupantes, d'un lit, d'une armoire et d'un bureau, contenaient entre une et quatre pensionnaires. Chaque pièce était munie d'une fenêtre et d'un lavabo.

J'arpentai le corridor l'oreille aux aguets. Je reconnus le froissement d'une page qu'on tourne, le grattement d'un crayon sur du papier, le souffle d'une respiration enrhumée (encore ces bruits s'arrêtaient-ils lorsque je passai), je ne distinguai aucune conversation, rien de cette vague rumeur qui flottait toujours près de deux heures avant l'extinction des feux. Sur la porte numéro 21 on avait apposé des scellés de papier.

Je frappai à la porte de mon collègue.

– Je suis pas là ! s'écria-t-on. Je suis en train de ranger la merde que vous avez foutue dans ma piaule !

– Denis, ouvre ! C'est moi, Jean !

Il est apparu vêtu d'un tee-shirt neuf qui proclamait que celui qui lisait ça était un con. Je fus content qu'il ait au moins un vêtement propre dans sa garde-robe car son pantalon, ses baskets, ses chaussettes, jusqu'à son slip (il le montrait de temps en temps en gueulant que la chaleur était insupportable) étaient d'une répugnante couleur huître. Sa trogne porcine affublée d'épaisses lèvres me présenta une moue amère.

– T'as vu le boxon, dit-il dans son anglais mâché, ils ont même retourné les piaules des gamines. Ah, les bâtards !

Je constatai qu'il n'était pas mieux loti que moi.

Il est retourné à son bureau, s'est appliqué à remettre des trombones dans une boîte. Je ne comprenais pas d'où lui venait ce soudain souci de l'ordre, son antre avait toujours ressemblé à un dépotoir.

– Ils t'ont interrogé ? demanda-t-il.

– Oui, je sors du commissariat... Ça me rappelle que je ne t'y ai pas vu, ni Frank.

– Ils nous ont relâchés ce matin. Moi, ils m'ont interrogé la nuit dernière. Il paraît que je suis leur suspect numéro un.

– Bienvenu au club ! soupirai-je en époussetant

une chaise encombrée de pelures de cacahouètes.

– Putain, je les aurais bouffés avec leurs questions à la con.

– C'est parce que tu étais de garde.

– Ouais, ben j'ai rien entendu! Rien de rien. Tu sais comme je suis : quand je dors, je dors. Et hier soir, je dormais.

Je m'en doutais. Je ne comptais jamais sur lui quand le hasard nous mettait de garde ensemble. J'ai posé mes coudes sur mes cuisses, serré mes mains l'une contre l'autre.

– Où est passé Frank? demandai-je.

– Il est chez lui, je suppose. C'est lui qui a découvert Lillian. Elle occupait la chambre 21, celle qui n'a qu'un seul lit.

– Elle était amochée, quand vous l'avez trouvée?

– C'est pas moi qui l'ai trouvée, c'est Frank. Mais non, non. En fait au début Frank a cru qu'elle dormait. Il l'a appelée. Elle n'a pas bougé. Il s'est approché, il a vu qu'elle était toute pâle, alors il l'a secouée.

– Et puis?

– Il a tiré le drap. Le matelas et l'alèse étaient pleins de sang. Elle était entièrement nue. Mais pas abîmée du tout.

Une pause.

– Ensuite? dis-je.

– Ensuite il a vraiment flippé. Il est venu me réveiller, je lui ai dit d'appeler la police, une ambulance, de faire quelque chose au lieu de me regarder avec des yeux comme des soucoupes. Il était trop déboussolé, il agitait les bras dans tous les sens. Quand je lui ai demandé si elle vivait encore, il m'a regardé comme si je venais de la Lune ! Je lui ai foutu le téléphone dans la pogne et j'ai foncé voir la petite.

« Ah, merde, quel péché ! Elle avait pas seize ans cette gamine. Une môme jolie comme tout, bien moulée, bien formée, tout. J'y ai pris le poignet pour y tâter le pouls. Elle était toute froide. J'ai posé mon oreille sur son cœur et je n'ai rien entendu non plus.

Au passage il avait probablement peloté les seins qui s'offraient à lui, mais je gardai cette réflexion pour moi.

– Enfin bref, elle était morte, continua-t-il. Morte comme un hareng saur. Je ne voyais pas de blessures, pas de traces de coups, de bleus, de coupures, rien ! Elle n'avait aucune plaie, malgré le sang.

Il contempla le plancher.

– En fait, je n'osais pas la toucher, elle me foutait la trouille.

Il refit une pause. Il balança sa boîte de trombones dans un tiroir.

– Elle était étendue de tout son long comme une sirène échouée, ses cheveux qui brillaient dans la lumière, ses lèvres toutes rouges, ses mains comme des fleurs… Elle souriait… Un beau sourire de contentement, comme si elle était morte en plein nirvana. Pas un sourire torturé, pas du tout la grimace. Non ! Elle avait un beau sourire tranquille et simple, un sourire de Joconde, une grande lumière calme sur le visage. Elle ne se foutait pas de ma gueule, elle se contentait juste de conserver son mystère.

Il en devenait émouvant. Il en tremblait encore, de l'épouvantable vision.

– Je vois, commentai-je.

Il pêcha un imbroglio d'élastiques dont il entreprit de défaire les nœuds.

– Je n'ai pas pu rester, me dit-il.

Je me doutais qu'il avait pleuré comme une vache.

– Je suis revenu dans ma chambre, et je n'ai plus bougé jusqu'à l'arrivée des flics.

– Mais, dis donc, les autres filles, il a bien fallu que vous vous en occupiez, elles ont dû s'affoler ! Qu'est-ce que vous avez inventé comme excuses ?

– Elles étaient toutes parties en classe depuis longtemps. Lillian était en retard. C'est pour ça que Frank avait forcé sa porte. Quand la police est venue ils ont inspecté toutes les piaules. Il ne restait plus personne, je peux te l'assurer.

– Ils ont trouvé des indices ?

– Comment veux-tu que je le sache ? J'étais au trou.

– Ils ne savent pas qui c'est ?

– Je ne crois pas.

– Lillian n'avait aucune plaie, aucune blessure… Tu as bien regardé ?

– Je ne l'ai pas soulevée, je te dis. Peut-être qu'elle avait un poignard dans le dos.

– Et Frank, il t'a parlé ? Il a peut-être entendu quelque chose la nuit dernière ?

Denis soupira, ce qui souleva son tee-shirt de dix centimètres.

– On en a un peu discuté avant que les poulets se pointent. Il a dormi lui aussi, ce qui ne lui est pas habituel. À part ça, rien de spécial.

– Pas un bruit, pas une ombre ?

– Pas un bruit, pas une ombre, comme tu dis.

– Tu crois qu'il aurait pu, lui…

Il leva les yeux au ciel.

– Tu l'aurais vu en train de pleurnicher, de pisser dans son froc, tu ne me poserais pas la question.

Nous nous sommes tus un moment, plongés dans nos pensées. Puis il a soupiré bruyamment.

– Bon, on va faire l'appel, décida-t-il. Le cahier est dans ta chambre.

Nous avons traversé l'internat tandis qu'il me suivait de près, presque collé à moi. Il avait peur.

Ma cambuse ne s'était pas améliorée en l'espace d'une demi-heure. Un petit lutin n'était pas venu nettoyer la pagaille. J'ai sorti le cahier d'appel des décombres. Nous nous sommes dirigés vers la première chambre.

Habituellement, nous demandions aux gamines de répondre à travers la porte. Mais Denis tenait de nouvelles consignes. Il a frappé sur la première porte.

– Elena Petrucci, Eve Lester !

Les deux petites sont apparues en chemise de nuit.

– Au lit, leur lança-t-il en cochant leur nom sur la liste.

Elles plongèrent sous les couvertures. Denis éteignit la lumière et se dirigea vers la deuxième chambre.

– Lawrence Rayford, Caretha Jesser et Kate Nilsen, ouvrez-nous !

Même scène. Nous avons fait tout le couloir comme ça. Nous avons ainsi pu admirer un joli catalogue de pyjamas et de robes de chambre, un spectacle qui me gênait mais qui semblait plaire à mon collègue. Le manège s'est répété jusqu'à ce qu'on arrive au bout du couloir. Elles étaient toutes là, chaque nom avait sa croix.

– Maintenant il faut aller faire un rapport au rat crevé qui a la charge de cet étage ! grommela-t-il.

Nous sommes sortis de l'internat. Nous sommes allés parler à un inspecteur près des escaliers.

– RAS ! a déclaré Denis. Tout le monde est présent. Vous pouvez vérifier.

– Oh, mais j'en ai bien l'intention, dit le jeune flic. Je ne fais pas confiance à des branleurs dans votre genre.

Nous l'avons suivi dans le dortoir. Il a cogné sur toutes les portes. Boum ! Boum ! Boum ! Une grande claque sur chaque battant.

– Tout le monde sur le pas de sa porte ! a-t-il bramé. En petite tenue ou pas ! Et que ça saute !

Une gigantesque bouffée de honte m'est montée au visage. J'ai eu pitié des filles qui bondissaient de leur lit en se demandant si la terre s'était écroulée, qui se cassaient la figure dans le noir en cherchant la sortie, qui retenaient leur trouille et leurs larmes en paraissant dans la lumière crue du couloir.

Quand elles se tinrent toutes sur une ligne, le petit inspecteur a posé ses poings sur les hanches. Dans sa microcervelle ce devait être la pose « adjudant », celle qu'il employait pour impressionner ses subalternes.

– On va refaire l'appel, mesdemoiselles ! cria-t-il. Deux précautions valent mieux qu'une ! Je veux qu'à l'énoncé de votre nom vous veniez jusqu'à moi afin que je puisse vous examiner de près.

Sur ce, il a sorti de son blouson un jeu de cartes d'identité. Les 55 cartes d'identité des filles.

– Prêtes ?

Elles étaient transies de peur.

– Marion Applecot !

Une petite fille de quinze ans s'est timidement approchée.

L'enfoiré a observé la photo de la carte une seconde, puis le visage baissé qu'on lui offrait.

– Lève la tête ! a-t-il commandé.

Elle n'a pas pu, elle s'est contentée de hausser les épaules.

– Lève la tête, ma belle !

Marion n'a pas bougé.

– Lève la tête, nom de Dieu !

Il a essayé de lui agripper le menton. J'ai retenu son bras.

– Lâche-moi ! a-t-il grincé.

J'étais effrayé, absolument terrifié, mais je gardai son poignet dans ma pogne.

– Je te préviens, je ne te le dirai pas deux fois !

– Écoutez, dis-je en le libérant, vous devriez vous y prendre autrement. Vous n'obtiendrez rien par la brutalité. Je les connais mieux que vous, elles sont plutôt…

– Tu vas me laisser faire mon boulot, coupa-t-il. On va torcher ça vite fait et tout le monde pourra aller se coucher.

Il s'est tourné à nouveau vers le groupe, a déclaré d'un ton plus amène :

– Je vais mettre les choses au clair, mesdemoiselles. Cette démarche est aussi désagréable pour vous que pour moi. Seulement je ne peux pas me défiler. Alors je vais vous demander un peu de coopération.

À l'autre bout du couloir une des filles a murmuré :

– Marion ne relèvera pas la tête, espèce de con ! Ni aucune de nous, t'as pas encore compris ?

Je fus le seul à entendre ces paroles. Je me penchai vers l'inspecteur.

– Elles ont décidé de vous faire enrager, lui confiai-je. Ne bougez pas, je reviens.

J'ai couru jusqu'à ma chambre, y pêchai un petit objet que je suis revenu fourrer dans les mains du flic.

Il a considéré le miroir de poche une seconde, puis, en aparté :

– Qu'est-ce que vous voulez que j'en foute ?

– Puisqu'elles vont s'obstiner à garder la tête baissée, vous tiendrez la glace sous leur visage et vous pourrez les voir.

– Un vrai jeu de con ! soupira-t-il.

– Ça vaut mieux que cinquante-cinq crises de nerfs, insistai-je

Il a haussé les épaules.

– Très bien, dit-il tout haut. Voyons voir cette Marion !

Il a aperçu le minois de la gamine dans la glace. Comme elle n'avait pas prévu une telle parade, elle lui offrit un regard étonné. La deuxième, Sherryl Bailey, ne put s'empêcher de pouffer de rire. Sa réaction brisa le charme et, amusées que nous ayons déjoué leur plan, les petites nous tendirent désormais leur figure de bonne grâce.

Quand la brune arriva, celle qui avait prédit à voix basse que Marion ne relèverait pas la tête, je l'examinai attentivement. À en juger par sa taille, je lui donnais dix-sept ou dix-huit ans. C'était une de nos grandes. De longs cheveux noirs encadrant un minois de souris, des petites lèvres serrées au-dessus d'un rond menton, les formes galbées, graciles, elle ressemblait à une Suzy Q de bande dessinée. La veste trop courte de son pyjama dévoilait son nombril.

Elle me toisa sans vergogne, d'une façon directe, presque impudique. Bien sûr, je n'étais pas complètement naïf, je concevais que ces jeunes créatures fussent parfois sensibles au charme de leur vigile. Je n'y prêtais en général pas grande attention. Je savais trop bien que leur passion ne serait qu'un feu de paille. Je tenais à conserver mon boulot et ma santé d'esprit. Deux bonnes raisons pour ne pas me laisser intimider par une péronnelle de dix-sept ans.

Elle continua de me fixer. Je baissai les yeux.

– Sharon Wyllis ? demanda l'inspecteur.

Elle ne répondit rien.

– C'est bon, vous pouvez retourner dans votre chambre. Quel numéro ?

– 19, dit-elle.

Le flic termina son appel et me rendit le cahier.

– Je serai dans l'escalier, prévint-il avant de partir. Allez vous coucher.

Il n'avait pas ajouté : « Je veille », mais l'intention y était.

J'ai arpenté le couloir, maintenant vide, et j'ai regagné ma chambre.

***

Quelqu'un était sorti et marchait dans le dortoir.

Le craquement du plancher me signalait que les pas se rapprochaient. Mon horloge indiquait minuit et demi. Je m'assis sur mon lit, enfilai mes pantoufles, je me dirigeai vers la porte. Quand mon visiteur se mit à respirer juste derrière le panneau, j'ouvris d'un seul coup.

– Mademoiselle Wyllis, allez vous coucher! dis-je à l'intéressée qui réprima un cri.

– Je ne peux pas dormir!

Moi non plus, je ne dormais pas. Je ne dormais jamais la nuit. Pourtant je n'avais pas besoin de compagnie pendant ces heures solitaires. Je lisais, je méditais, parfois aussi j'écrivais : des activités silencieuses et immobiles.

– Vous ne devriez pas être debout à cette heure, insistai-je.

– J'ai mal à la tête. Quand j'ai des migraines, je fais des insomnies.

– Je vais vous chercher de l'aspirine, ne bougez pas.

– Vous ne m'invitez pas à entrer?

Elle possédait une voix basse et lente, le timbre d'un gros fumeur. Elle articulait les mots avec une pointe d'accent de Nouvelle-Angleterre.

– Mais oui, entrez…

Elle fit trois pas dans ma chambre, fit mine de prendre une chaise.

– Ne vous asseyez pas, lui conseillai-je en fouillant dans un tiroir du bureau. Vous ne resterez pas longtemps.

Elle s'installa quand même. Quand je la regardai elle me contempla d'un air ironique. Je lui tendis deux comprimés.

– Vous n'auriez pas un verre d'eau ?

– Non. Mais vous aurez ça chez vous.

– Oui.

Un silence de vingt secondes.

– Eh bien, dans ce cas, vous feriez mieux de retourner… commençai-je.

– Je vous fais peur ?

Je levai les yeux au ciel.

– Pas du tout. Mais là n'est pas la question, je voudrais…

– Est-ce que c'est juste moi ou toutes les femmes qui vous effraient ?

– Je ne vous appellerais pas encore une femme, mademoiselle Wyllis. Je pense qu'il serait préférable que…

– Moi, les hommes me font peur ! Vous avez vu ce qui est arrivé à Lillian ?

Je pris appui sur une jambe, fourrai mes mains dans les poches arrière de mon pantalon, en position d'attente excédée.

– Il paraît qu'elle était toute coupée autour du sexe, reprit-elle, des entailles minuscules à l'intérieur des cuisses, autour des seins. On dit qu'elle a beaucoup souffert, que le type a pris tout son temps.

Je pensais au fou dont avait parlé Carcasse, mais je ne voulais pas m'engager dans cette voie.

– Encore une fois, tentai-je, je vous demande…

– Il était là, m'interrompit-elle de nouveau. Il a marché dans le couloir. Peut-être qu'il a hésité devant ma chambre ou celle d'une autre. Peut-être qu'il va revenir et choisir ma porte la prochaine fois.

– Il ne reviendra pas.

– Qu'est-ce que vous en savez ?

– D'une, la police cerne le bâtiment. De deux, ce genre de malades ne reviennent jamais. Ils ont beau avoir un grain, ils sont quand même très malins.

Lillian souriait. Un sourire heureux, comme si elle avait rencontré un ange.

Un frisson secoua ses cheveux dont les boucles roulèrent sur ses épaules.

– Il est parti, la rassurai-je. Et puis… je suis là.

Ma protection ne valait pas grand-chose, mais elle la prit au sérieux.

– C'est vrai !… Vous ne laisserez personne approcher.

Je ne répondis pas.

– Vous entendez tout à cinquante mètres à la ronde, insista-t-elle.

Je captai même des murmures de bien plus loin. Je restai silencieux.

– Vous m'avez entendue quand j'ai traité l'inspecteur de con, n'est-ce pas ?

Je portai le poids de mon corps sur l'autre jambe.

– Et vous avez d'autres pouvoirs, j'en suis certaine ! déclara-t-elle.

Voilà pourquoi je préférais éviter tout conflit ! Les vampires possèdent chacun des dons. Ce ne sont pas les mêmes pour tous. Certains peuvent marcher sur les murs, d'autres ont la faculté de se changer en n'importe quel animal, d'autres encore font bouger les objets à distance. Quelques rares, dont moi, en cumulent plusieurs. Un seul les avait tous : Carcasse. La liste de ses talents se lisait comme une anthologie des phénomènes paranormaux. Ce presque-dieu m'avait aussi averti qu'utiliser ses aptitudes à tort et à travers comportait d'énormes risques. Je mesurais maintenant la sagesse de son conseil. Être vampire était avant tout affaire de discrétion. Qu'un mortel s'aperçoive de notre condition et la chasse commençait, les gens n'avaient de cesse que nous ayons un bout de bois planté en plein cœur et la tête tranchée. Carcasse avait raison, il valait mieux ne pas faire le malin.

– Je n'ai aucun pouvoir, mademoiselle Wyllis, j'ai l'oreille fine, c'est tout.

– Ma voisine, elle-même, ne m'a pas entendue. Elle se trouvait juste à côté de moi.

– Que voulez-vous que je vous dise ? Elle ne faisait peut-être pas attention. Maintenant je vais vous demander de retourner dans votre chambre, cette conversation me fatigue. Je voudrais dormir.

– Faux ! s'écria-t-elle. Vous ne dormez jamais !

– Je dors parfois…

– Dans un cercueil, alors !

Je me suis efforcé au calme.

– Non, dans un lit ! répliquai-je. Maintenant, ça suffit ! Si vous ne…

– Lillian a été attaquée par un vampire, s'écria-t-elle. Elle baignait dans son sang.

– Qui vous a dit ça ?

– Toute l'école en parle depuis ce matin ! Qu'est-ce que vous croyez ! Il y a des enfants de flic parmi les élèves. Avant midi tout le monde connaissait l'histoire. Tenez, je vais vous en apprendre une bonne, selon le médecin légiste Lillian a été molestée sexuellement. Oui : violée. Mais, et voici une chose bizarre, ils n'ont décelé aucune trace de sperme. Autre chose : elle n'a été ni bâillonnée ni attachée. Comme si elle avait participé de son plein gré à l'opération. Et les gens du dortoir, les filles aussi bien que les surveillants, n'ont rien entendu ! Pas un frôlement, pas un bruit, pas un cri ! Comment appelez-vous quelqu'un qui peut se déplacer sans faire de bruit, qui immobilise ses victimes en les fascinant, qui les torture et leur suce le sang ?

– Un détraqué qui a eu de la chance, proposai-je.

– Non, un vampire ! Un vampire qui possède des oreilles de loup, qui ne dort pas la nuit et qui s'est chargé de notre, entre guillemets, « surveillance » ! Quelqu'un qui connaît bien les lieux, qui sait que Lillian Cummings est toute seule dans la chambre 21 avec une porte qui ne ferme pas à clé.

– Pourquoi n'allez-vous pas dire tout ça à la police ? attaquai-je. Sauf la théorie du vampire, ils pensent la même chose que vous. Tenez, vous n'avez pas à aller loin, un inspecteur fait le pied de grue dans les escaliers.

Elle s'est redressée sur sa chaise, toute tendue.

– Vous avez des idées bizarres, mademoiselle Wyllis. Je n'essaierai pas de me justifier parce que j'ai passé la journée à le faire. Mais je vais vous dire ceci : ne me maltraitez pas trop, je suis de votre bord.

– Je le sais ! dit-elle dans un souffle. Le pire c'est que nous en sommes toutes convaincues. Vous ne feriez pas de mal à une mouche… Et merde !

Je posai une fesse sur le bureau.

– Vous pourriez répéter, mademoiselle ?

Elle m'a regardé dans les yeux.

– Vous avez très bien entendu. Ce n'est pas la vérité, peut-être ?

– Oui, je vous ai entendue.

– Non, je veux dire que vous êtes complètement

inoffensif. Vous n'avez jamais élevé la voix contre l'une d'entre nous.

– Parce que vous ne m'en avez jamais fourni l'occasion.

– Faux encore ! La preuve : je vous désobéis depuis une demi-heure et vous n'avez pas bronché.

J'ai haussé les épaules.

– Où voulez-vous en venir ?

Elle a secoué ses cheveux.

– Nous vous faisons confiance, monsieur Belmors. Aucune de mes camarades n'a piqué de crise de nerfs ce soir parce qu'elles savent que vous êtes de garde. Il est important que vous vous en rendiez compte.

– Alors pourquoi vous m'avez accusé ? !

– Je ne vous ai pas accusé. Je vous ai simplement testé. Que vous soyez un vampire ne me gêne pas. Je voulais juste vérifier de quel côté vous étiez.

Elle s'est levée, m'a encore dardé son regard vert que je n'ai pas pu soutenir plus de deux secondes. Elle a tendu la main, paume en conque. Je suis resté interdit.

– Les cachets, dit-elle. Je ne vous racontais pas de blagues, j'ai vraiment la migraine.

Je l'ai suivie dans le couloir jusqu'à sa chambre. Elle est entrée chez elle sur la pointe des pieds. Je l'ai entendue qui tâtonnait jusqu'à son lit tandis que je m'éloignais. Elle s'est glissée dans les draps. Tout contre son oreiller, elle a susurré aussi bas que possible :

– Si ce nigaud n'avait pas aussi peur des femmes !

Quelques minutes plus tard, le dortoir s'était endormi.

4

Il n'advint rien de plus cette nuit-là. Au matin l'inspecteur vérifia que tout le monde était présent, puis s'en alla. Le jour allait bientôt se lever, je dus moi-même me dépêcher de partir.

Lors de ma veille j'avais ressassé les paroles de la petite Wyllis. J'avais le sentiment qu'elle m'avait manipulé de bout en bout, jouant avec moi comme un stratège les pions de son échiquier. Lentement, elle m'avait amené sur son terrain, elle m'avait pratiquement traité d'assassin, pour soudain lever son accusation.

Pourquoi cette manœuvre ? Pourquoi aussi ce revirement soudain en fin de parcours ? Était-ce du chantage ? Une menace ? Quel sombre marchandage allait-elle me proposer ?

J'avais réfléchi toute la nuit, échafaudant les hypothèses les plus farfelues. J'étais passé par toutes les phases du doute, avais fini par m'en tirer avec une molle pirouette du genre : et peut-être que la donzelle voulait tout simplement se rendre intéressante. Il n'empêche, j'étais resté sceptique.

Je rentrai par Western alors que les nuages viraient du noir au bleu marine. Je craignais toujours ces heures-là, le mois de septembre représentait un danger permanent pour ma condition de noctambule. Qu'un jour je fusse retardé et je grillerais comme une saucisse derrière le pare-brise de ma voiture.

Je descendis Fullerton, bifurquai vers Bucktown. En chemin, j'eus l'idée d'aller rendre visite à Simon qui habitait dans le coin. Le toubib s'apprêterait probablement à se coucher mais ne pourrait me refuser la pommade antiboutons qu'il m'avait promise, le Cutacnyl à 10 grammes. Au pire, je dormirais chez lui.

Je tournai donc dans Lister, une petite rue à sens unique sinuant entre deux rangées de maisons bourgeoises. J'en parcourais les derniers mètres quand un énorme camion-grue me barra le passage. J'attendis un moment en maugréant derrière mon volant, jusqu'à ce qu'un type avec un casque en plastique posât un panneau devant la voiture : «Rue barrée». J'allai parlementer avec ce cantonnier. Évidemment, j'étais tombé sur le plus bouché de tous, même avec la promesse d'un généreux bakchich, il refusa de bouger son monstre.

Furieux, je regagnai ma voiture, enclenchai la marche arrière. Mais je n'allai pas loin. Ce fut, cette fois, un camion-poubelle qui déboucha d'une allée. Là encore, je patientai quelques brûlantes minutes avant de me décider à aller voir de quoi il retournait.

– Alors? demandai-je au conducteur.

– Alors on charge la benne et on repart. Y en a pas pour longtemps.

– Combien de temps?

– Vingt minutes, une demi-heure. Vous allez pas en chier une pendule.

Non, mais j'allais cuire dans les flammes de l'enfer, ce qui me paraissait au moins aussi douloureux. Là-bas, le ciel s'illuminait de couleurs inquiétantes, je calculai qu'il me restait au maximum un quart d'heure avant de me transformer en torche.

Je ne voyais pas beaucoup d'alternatives à ma situation, aussi je tâchai de faire vite.

Tout d'abord je trouvai une place où ranger ma bagnole, si possible, à l'abri des regards. Je bénis la rue Lister de posséder autant de virages et de courbes, l'une des seules à Chicago qui aient ce tracé ondoyant. Je choisis un endroit dissimulé et plongeai à l'arrière de la Pontiac. Je déroulai un sac noir qui s'y trouvait, un sac parfaitement étanche, dans lequel je me fourrai tandis que les vitres blanchissaient dangereusement. J'allais calfeutrer mon habitacle, m'isoler du monde, quand, soudain, je m'immobilisai.

La maison en face de laquelle je m'étais garé venait de se réveiller. Quelqu'un allumait les lumières en traversant les pièces.

Elle devait avoir entre vingt-cinq et trente ans, une belle chevelure cuivrée lui descendait sur les reins ; dès qu'elle m'aperçut, elle me sourit. Elle ne voyait sûrement que ma tête qui pointait au-dessus de l'aile arrière, mais ses yeux avaient atteint leur cible et accroché les miens. Et elle souriait.

C'était le premier sourire de femme que je rencontrais depuis longtemps, la première fois depuis des temps immémoriaux qu'on me reconnaissait, qu'on m'acceptait, qu'on me le montrait. Son message n'était pas languide ou sensuel, quoique je sentais qu'elle me trouvait à son goût et qu'elle avait plaisir à me le faire savoir. Le contact, d'ailleurs, ne dura pas longtemps car elle partit dans une autre aile de la maison, je la perdis de vue.

Ébloui, je refermai immédiatement mon sac, cherchai le sommeil. La rousse au sourire bouleversant m'accompagna jusqu'à Morphée...

***

Au soir, quand je me réveillai, une puissante fringale me tordait l'estomac. Je m'extirpai de mon sac de couchage. Le souvenir de la fille rousse me revint en mémoire. Comme au matin, les lumières étaient allumées chez elle. Je n'espérais pas que la chance me soit aussi favorable, aussi poussai-je un couinement de joie quand je la vis qui parcourait à nouveau les pièces de la maison. Elle paraissait pressée, marchait à vive allure devant les vitres. Elle semblait épuisée, je remarquai que, malgré son impatience, ses gestes étaient plus lents, plus difficiles, comme endigués par une invincible fatigue.

Le manège se jouait à présent à l'envers. Une à une les fenêtres s'éteignirent, en l'espace de quelques secondes, la maison fut plongée dans le noir. Je compris que la belle venait de s'endormir. Je regardai ma montre : elle indiquait sept heures.

« Couche-tôt, lève-tôt », pensai-je.

Je ne savais pas encore ce que j'attendais d'elle, je ne nourrissais aucun projet particulier à son égard. Elle me plaisait, oui, d'accord. Et elle ne me trouvait pas vilain, d'après ce que j'avais cru comprendre. Mais j'avais une expérience suffisante des Américaines pour ne pas accrocher mon chapeau à cette simple constatation. Je savais, pour l'avoir éprouvé à maintes reprises, qu'elles suivaient rarement les mouvements de leur cœur, que l'élan des passions, ce qu'elles appelaient la « concupiscence », ne leur procurait que méfiance et crainte.

Les règles du flirt m'échappaient dans ce pays. Mon approche directe effrayait. Dire ses sentiments de but en blanc, laisser parler son cœur, brûler d'amour au premier regard semblaient autant de crimes contre l'amour dans cette contrée puritaine.

Je me souvenais encore des Caroline, des Elizabeth, des Robin, des Kate, Karen, Kathleen (pendant un moment toutes les femmes que je rencontrais avaient un prénom commençant par la lettre K), et tant d'autres qui s'étaient chargées de faire mon éducation sentimentale en ces matières. La plupart étaient mortes de vieillesse depuis belle lurette, mais avant de s'éteindre elles m'avaient légué une frousse carabinée de la drague américaine. Or cette rousse me tendait les bras.

Je sortis de la voiture, me dirigeai vers la maison. C'était une grande baraque, bien trop grande pour une personne seule, remarquai-je en lisant le nom apposé sur la boîte aux lettres. Je m'attendais à une inscription du genre « Monsieur et madame Tartempion ainsi que leurs enfants ». Une de ces inscriptions qui briseraient mon rêve.

« Veronica McLellan », proclamait la boîte.

Rien d'autre.

Sentant que la fortune consentait enfin à s'occuper de mon cas, je rôdai près des grilles. Si elle vivait seule dans une pareille bâtisse, c'était qu'elle était riche. Et si elle se levait aux aurores et ne rentrait qu'à la nuit tombée, c'était qu'elle avait un travail, un travail qui l'accaparait au point de lui voler des heures de sommeil. Riche, belle et indépendante, songeai-je, fasse le ciel qu'elle ne soit pas fiancée à un quelconque abruti !

Je détaillai les murs de brique, le petit jardin encerclé d'une pelouse, le grand érable qui protégeait le toit, je tentais d'accumuler autant d'informations que possible. Je sentais ma somptueuse rousse intelligente à la manière dont elle avait disposé ses rangées de fleurs. Elle devait aussi être raffinée à en juger par l'agencement de la haie contre la palissade. Je serais resté encore quelques minutes avec ma mâchoire qui pendait dans le vide, si je n'avais capté un crissement de griffes sur l'allée bétonnée du perron. Le bruit s'approcha et, avant que le husky n'apparaisse, j'avais déjà reculé jusqu'à ma voiture.

Ma chance ne pouvait pas durer toujours. De tous les animaux, le chien-loup est celui qui renifle la présence des vampires avec la plus grande acuité. Or je ne possédais pas, comme le comte Dracula ou Carcasse, de magnétisme particulier vis-à-vis des bêtes. Je pouvais me changer en brouillard (encore fallait-il que je m'attache au pas de quelqu'un pour pouvoir me déplacer), mon ouïe était surdéveloppée et j'étais parfois atteint de fulgurants éclairs de lucidité. Là s'arrêtait l'étendue de mes dons. Me rendre invisible, me changer en chauve-souris, communiquer par la pensée, me soulever dans les airs, me glisser par les fentes des portes, marcher aux murs ou aux plafonds, cette panoplie de talents généralement attribuée aux gens de ma condition, je n'en bénéficiais malheureusement pas.

L'imposant cabot coucha les oreilles. N'eût été les gargouillements intempestifs de mon estomac, j'aurais peut-être tenté quelque chose, mais j'avais faim, une faim aussi insoutenable que le manque de drogue chez un camé. Je remontai donc dans ma voiture et allai voir Simon.

En chemin je me pris à imaginer une vie avec

cette Veronica McLellan. Je nous voyais à notre premier dîner, causant gentiment, puis sous les arbres du parc Lincoln par un clair soir d'hiver où nous échangions notre premier baiser. Je la prenais dans mes bras aussi doucement que possible, la raccompagnais chez elle, restais dehors tandis qu'elle entrait en m'envoyant un signe de la main. Quelques jours plus tard, nous nous reverrions, un peu nerveux, ne sachant qu'attendre de l'autre. Bien sûr, nous nous engueulerions. Il y avait toujours un moment où il fallait se chamailler, dans les histoires d'amour américaines. Après une tendre réconciliation, elle m'ouvrirait sa porte et son lit. Nous vivrions ensemble jusqu'à sa mort de mortelle. Peut-être qu'à la toute fin, juste pour rester dans le cliché romantique, je me tuerais au moment où elle exhalerait son dernier souffle.

– Tu déconnes, me dit Simon. Tu rêves tout haut ! Elles n'en veulent pas tant, crois-moi.

– Comment pourrais-tu juger de la délicatesse de mes sentiments, toi qui as forniqué avec la moitié de la ville ? renvoyai-je.

Nous nous trouvions dans son laboratoire. Li agitait un tube à essais devant un microscope. Le local était à l'image du docteur, une énorme pagaille y régnait. L'endroit était encombré de dossiers, d'instruments chirurgicaux, de scalpels, de tubes, de paquets de gaze, de bacs en inox, d'échantillons sous verre, de graphiques, de tests, de masques hygiéniques, d'appareils divers. Un bordel monstre dans lequel Simon était le seul à se retrouver. Le docteur gardait tous les dossiers de tous ses malades. Il ne jetait rien, préférait se débarrasser de quelque hululante machine plutôt que de se défaire de vieux documents. J'avais proposé mon aide bien des fois pour nettoyer sa caverne, qu'il se serve de l'appentis et en fasse une salle d'archives, qu'il s'installe une sorte de bibliothèque avec un système de classement. J'avais même été jusqu'à transporter quelques cartons. J'avais bientôt renoncé. À peine touchais-je une pile de papiers qu'il hurlait :

– Bon Dieu ! Pas le dossier de Todd Guiler ! Je n'ai pas envie de courir après ! Regarde donc ce qu'il y a dans les caisses avant de les emmener !

J'avais alors recommencé selon ses directives, mais il y mettait de la mauvaise volonté (Martha Feurden, elle est morte ? Non ? Qu'est-ce que j'en fais de son dossier ? Je le laisse là ?!). Je dus abandonner. Depuis, Li parait au plus pressé. Quand piles et monticules menaçaient de s'écrouler, il relevait tout ça d'un coup d'épaule, envoyait dix kilos de feuillets périmés dans la corbeille et le ménage était fait pour quinze jours. Simon râlait mais la patience orientale du Chinois ne fléchissait pas.

En l'occurrence je sentais que la prochaine séance de nettoyage n'allait pas tarder. Simon arborait une blouse qui avait dû être blanche la semaine dernière mais qui, à présent, n'était plus qu'un patchwork de taches. Li ne manquait jamais de fourrer la blouse du docteur dans la machine à laver.

– Elle m'a souri ! lui dis-je.

Le liquide dans le tube à essais tourna au bleu.

– Tiens, c'est curieux ! marmonna-t-il.

– N'oubliez pas le sodium ! lança Li. Je vous en ai mis 2 milligrammes sur la balance.

– Tu veux que je te dise, Jean ? fit Simon en laissant tomber la poudre dans la mixture. Eh bien, tu es un doux rêveur. Ton problème n'est pas dans tes boutons, il est dans ta tête. Tu penses toujours que les femmes réagissent selon un plan préétabli. Rien de plus faux ! Ceux qui les séduisent sont ceux qui improvisent. Vois-tu, elles ne conçoivent pas le temps d'une façon figée, comme nous. Leur horloge est différente, la continuité, la durée, leur paraît plus importante. En gros, il ne suffit pas de faire jaillir une étincelle pour leur plaire, il faut aussi prouver qu'on peut remettre des bûches dans le feu.

– Arrête, je les connais tes conseils.

– Il n'empêche que tu es en train de bâtir un château en Espagne alors que vous n'avez échangé qu'un seul regard.

Le liquide tourna caca d'oie. Il émit un grognement de satisfaction.

– Li ! Amène-moi la feuille de Karlin. Pendant que tu y es, change donc aussi la perfusion de notre don Juan.

Avec des gestes adroits Li décrocha le sac de sang qui s'écoulait dans mes veines, le remplaça par un neuf.

– Jean, je ne te dis pas que c'est facile ! reprit Simon. Mais je commence à entrevoir quelques constantes dans leur comportement, quelques signes que j'ai pu interpréter.

– J'imagine !... Ton étude aura porté sur une large tranche de la population féminine. À propos, comment va Claudia ?

– Tu peux ricaner tant que tu veux, il n'empêche que tu essaies toujours de tout organiser, de tout régenter. Il faudrait au contraire que tu te laisses porter par le flot des événements, que tu te détendes un peu.

– Simon, je sais très bien que je n'ai aucune chance dans ce pays. Pourquoi? C'est un mystère. Mais le fait est là. Les États-Unis ne me réussissent pas.

– Et ne rejette pas la faute sur les Américaines! tonna-t-il en refermant le dossier Karlin d'un geste sec. Regarde-toi! Tu es plein de préjugés. Tu es aigri comme un vieux garçon. C'est à mourir de rire! Dis-toi bien que tu n'aurais pas de meilleures chances en Bourgogne ou à Paris! Tu es enterré dans ton quant-à-soi comme un poilu dans sa tranchée. Oh, la petite Veronica McLellan m'a souri! Oh, elle a des cheveux cuivrés qui lui tombent sur les reins! Oh, elle a un chien qui défend sa maison et elle se couche tôt! Oh, oui, je l'aime, j'en suis fou! Mais ce n'est qu'une Américaine au cerveau lavé par du puritanisme de la meilleure qualité! Je vais mourir d'amour et me dessécher devant sa porte! Elle est une sans-cœur, une prude, pour tout dire, une allumeuse!

Il marcha vers sa liste épinglée au mur, une sorte d'aide-mémoire qu'il consultait toutes les cinq minutes. Li préparait déjà le prochain test. Je haussai les épaules.

– Tu as raison au moins sur un point, lui dis-je. J'en ai parfois tellement marre que, c'est vrai, je me sentirais prêt à crever d'amour pour elle.

– Encore des conneries! fulmina-t-il, penché sur un microscope. Nous ne sommes plus au siècle dernier, ce genre de naïveté n'a plus cours.

Il releva la tête et vit que j'avais les yeux mouillés, il s'approcha de moi :

– Dis, mon petit Jean, mon Jeannot, tu ne parles pas sérieusement ! Hein ?

Il me prit la main, fit signe à Li de nous laisser.

– Je crois que l'éternité me pèse, avouai-je. Plus rien n'a de sens au bout d'un moment. J'ai l'impression que la cage est trop petite pour moi.

– Ou qu'elle est trop grande pour ce que tu veux en faire, dit-il doucement. Je crois que c'est plutôt ça.

Il me prit par la nuque. Il m'attira gentiment vers lui.

– Jean, mon petit Jean, mon Jeannot, chuchota-t-il. Je peux t'aider auprès de cette Veronica.

– Non, je ne veux pas, protestai-je. Ça casserait tout.

– Tu es le plus gamin des immortels... Mais nous avons une grande tendresse pour toi.

– Qui donc ? Même au sein de la communauté des vampires, je ne côtoie personne.

– Je parlais de Carcasse et de moi, par exemple. De plus, nous ne sommes pas une communauté, tout au plus un rassemblement. Enfin, là n'est pas le problème. Je n'irai pas déranger ta belle, j'essaierai de glaner des renseignements par la bande, avec notre façon à nous. La discrétion même.

Ses paroles ne me consolaient pas, le mal venait de plus loin. La vérité crue, celle qu'il avait préféré éluder, c'est que la vie me devenait insupportable. L'animal humain me lassait, ses pitreries, ses mesquineries, ses grandeurs, je les connaissais par cœur. Depuis 1721, année de ma naissance, il n'y avait rien de nouveau sous le soleil. Les mêmes drames, les mêmes joies, les mêmes sermons. Depuis plus de deux cent cinquante ans je bouffais la même bouillie. J'étais écœuré. É-CŒU-RÉ! Je me rendais compte que j'arrivais au bout de ma corde.

Nous étions tous victimes, nous les vampires, du mal qui me rongeait. Un jour ou l'autre l'envie de se lever, de marcher dans la rue, diminuait. On éprouvait la pénible sensation d'habiter dans un corps vidé de sa présence. Certains réussissaient à s'en sortir et reprenaient de l'allant pour quelque temps. La plupart, pourtant, finissaient par attendre un beau matin le lever du soleil. On les retrouvait décalcifiés dans un terrain vague.

Les vampires alors s'alarmaient, on sondait son prochain pour savoir s'il n'était pas en proie à une crise d'existentialisme, on se demandait à soi-même si la vie valait vraiment la peine d'être vécue.

Simon, en qualité de médecin, avait appris à reconnaître les symptômes de ces névroses. Malheureusement, s'il avait avancé dans ses recherches sur les effets du soleil, de l'ail ou des crucifix sur nos organismes, il n'avait pas progressé sur le mal de vivre. Son approche se résumait à ceci :

– La dépression est nécessaire à l'être humain, me confia-t-il. Je ne fais pas partie de l'école scientifique qui la considère comme un mal. Au contraire, je pense qu'elle nous est utile, qu'à bien des niveaux elle nous permet de faire le point, de reconsidérer les obstacles, de mieux juger les problèmes. Le spleen n'est pas forcément fatal. L'homme a ceci de particulier qu'il ne peut s'empêcher de réfléchir à ses contrariétés. Tout homme en difficulté est un créateur. Les plus grands déprimés sont les plus grands génies, ils ont à charge de sauver le bien le plus précieux qu'on leur ait donné : la vie. Ce n'est pas une mince responsabilité. Penses-y !

Et moi de répliquer :

– Je sais, Simon, je sais... Tu m'as déjà dit tout ça.

– Quand ?

– En 71, 1871. Près de Sainte-Geneviève. Nous avions remonté le Mississippi. Nous venions de finir le portage après Saint Louis.

– Oui, je me rappelle. Tu avais peur du Y de Crafton !

– Je n'avais pas peur, j'étais désemparé. Les rapides me semblaient infranchissables.

– Tu as eu tort puisque nous voilà !

Mais il jouait au con, il savait très bien que le problème se posait différemment à présent.

Le sac de sang auquel j'étais relié était vide. D'un geste professionnel il m'en débarrassa, m'appliqua un morceau de coton sur le trou.

– À propos, tu vas aller voir Carcasse ? demanda-t-il. Parce que je n'ai plus que cinq décilitres de sang. J'en aurai besoin dès demain.

Je promis. Rassasié, je sautai de la table d'examen. Je ne voulais plus m'attarder. D'autres patients attendaient. D'autres vampires pleins de plaies et de bosses. Ils venaient de partout consulter le docteur Simon, le seul médecin qui se soit penché sur leur cas. Ils restaient une journée ou un an, tout dépendait de la cure, des examens, des analyses. Carcasse se chargeait de les loger, de leur procurer du sang. Ils étaient aimables dans l'ensemble, pour eux, nous étions des vedettes, Carcasse, Simon et moi. Nous étions parmi les plus vieux du lot. Carcasse bénéficiait du meilleur prestige, on connaissait son pseudonyme dans le monde entier. Personne ne savait son âge, ni sa puissance, ni ses pensées. Personne ne connaissait le bonhomme en fait. Sauf Simon et moi, bien sûr, auxquels il se confiait de temps à autre.

Simon m'examina les glandes (un réflexe chez lui, il faut de bonnes glandes pour être vampire), tâta le bleu que la matraque de Jones avait laissé sur mes reins. Il se dirigea vers son bureau. Il tira du foutoir un journal qu'il brandit devant moi.

– Tu as lu ce qu'ils disent sur ton lycée?

– Non. Je n'ai pas besoin de lire la presse, je nage en plein cœur du drame, comme on dit.

– Connais-tu un certain Martin Clay, plus connu sous le nom de Martin le Magicien?

– Non.

– C'est un fou qui s'est échappé de l'asile il y a une semaine.

– Carcasse m'en a parlé. Il paraît que la police le cherche.

– On l'aurait aperçu il y a deux jours, près de Saint-Josaphat. Qu'est-ce que tu en penses?

– Rien. Qui est-ce, ce Martin Chose?

– Martin Clay. J'ai étudié un peu son cas, un des plus étranges que la psychologie ait rencontrés. Martin est un enfant, un véritable enfant. Il est le prototype du «ça» au sens où l'entendait Groddeck. Tu vois qui est Groddeck, j'espère?

– Vaguement.

– Tu devrais lire son *Livre du ça*, j'ai l'impression que tu vas en avoir besoin. Martin, d'après ce que je me rappelle, ne fait absolument aucune différence entre le bien et le mal. Pour lui, donner à quelqu'un un billet de cent dollars ou un coup de couteau, c'est pareil. Il a tué plus d'une douzaine de personnes avant d'être enfermé. Il était magicien, un excellent illusionniste, parmi les meilleurs. On demandait au public de compter ses doigts avant qu'il n'entre en scène. Les gens riaient en entendant la blague. Malheureusement un jour une veine a pété dans son cerveau et il a bel et bien commencé à couper des doigts. Pas que des doigts, d'ailleurs, des oreilles, des nez et des gorges aussi. Il a taillé dans la chair humaine plus qu'aucun autre criminel. Mais, et là réside le grotesque, toujours avec une bonne humeur, une jovialité incroyable. Martin ne se prend pas au sérieux ! Trucider son prochain ne déclenche chez lui qu'un éclat de rire infantile, un bidonnage de nourrisson espiègle. Autre chose encore : non seulement il n'a aucun souvenir de ses meurtres, mais en plus il s'en moque lorsqu'on les lui décrit ! Ses assassinats ne font l'objet d'aucun calcul, d'aucune préméditation, il les concevrait plutôt comme un bon tour qu'il joue à son prochain. Il utilise à plein ses talents de magicien et, si sa piste est facile à suivre tant elle est brouillonne, par contre sa capture pose toujours beaucoup de problèmes. Il fauche les clés des gardiens, s'extirpe des camisoles de force, se libère des menottes, déchausse les barreaux des prisons. On a un mal fou à le déplacer, à le tenir enfermé, à le nourrir, le moindre objet devient une arme ou un outil. C'est un innocent mais il est dangereux, très dangereux. Si ce malade rôde autour de Saint-Josaphat, tu vas au-devant de gros ennuis. Tu devrais te méfier, Jean.

– Et qu'est-ce que je risque ? Qu'il me tranche la gorge ? J'en serais quitte pour porter un bandage pendant un mois.

Il baissa la tête.

– Je pensais à tes pensionnaires. Il y en a déjà une de morte.

– Tu penses que Martin serait l'assassin ?

– Je n'ai pas dit ça !

– Je ferai attention, promis-je.

Il m'a regardé en coin, il a haussé les épaules. J'ai tourné le bouton de la porte.

– Attends ! me rappela-t-il. Ta pommade !

Il a fouillé dans une armoire, quelques tubes sont tombés par terre, une fiole en plastique a rebondi sur le sol. Il a juré, puis a brandi une boîte oblongue.

– Que je vérifie ! dit-il en examinant l'étiquette. Cutacnyl, 10 grammes ! Mets-en chaque jour. Tiens !

Je me suis emparé de l'objet et je suis sorti.

5

Les deux semaines suivantes le dortoir est resté calme. Petit à petit le souvenir de Lillian Cummings s'est estompé, les journaux ont arrêté d'en faire les gros titres, les conversations sur le sujet cessèrent. La police a levé le camp, ne laissant derrière elle qu'une voiture garée à toute heure devant l'établissement.

Prince Saint-Jacques est revenu me harceler au

dortoir. Pour l'occasion il avait enveloppé ses épaules dans un fin blouson de moire bleue, une tenue sexy qui, je suppose, était censée mettre ces demoiselles en émoi. Quand il est entré dans ma chambre, il a fermé la fenêtre.

– Vous n'avez pas froid? demanda-t-il en français.

Certes, l'air s'était rafraîchi. Nous avions même essuyé quelques crachins de mauvais augure. Rien de grave selon moi.

– Je laisse toujours un filet de vent pénétrer ici.

Il s'est assis sur la chaise du bureau tandis que je l'admirais. Oui, je l'admirais. Les flics plus que tout autre sont à l'aise partout. Cela me remplissait d'un émerveillement sans pareil. Ils donnaient l'impression, où qu'ils posassent leur cul, que le monde leur appartenait. Pour faire bonne mesure il prit un crayon de papier, se mit à le mâchonner.

– J'ai aussi une gomme et des trombones, lui proposai-je.

– Ne vous montrez pas insolent, vos amis ne sont pas là pour vous défendre.

Je me suis redressé sur mon lit.

– Monsieur Belmors, nous allons récapituler, si vous le voulez bien, cela vous aidera à comprendre ce que j'attends de vous. Il y a une semaine quelqu'un a pénétré dans le dortoir, sans un bruit, sans réveiller personne et il s'est dirigé tout droit vers la chambre 21. Pourquoi celle-là? Deux hypothèses s'offrent à nous. D'abord cette chambre est la seule à ne contenir qu'une seule occupante, ce qui diminue les risques. Ensuite il se peut que l'assassin connaisse Lillian. Cette dernière suggestion expliquerait aussi pourquoi la petite ne s'est pas débattue, pourquoi elle a laissé entrer cet individu chez elle au milieu de la nuit.

«Ce quelqu'un était bien préparé. Il devait porter un balluchon ou un paquet, encore que ce ne soit pas certain car les objets dont il s'est servi pour son opération, un rasoir, des gants en plastique, un godemiché, quelques cachets de somnifère, ces objets, dis-je, peuvent tenir dans une poche. Il a neutralisé sa victime par des moyens que nous ignorons encore, puis il s'est mis au travail. Il a pris tout son temps. Il a utilisé principalement son rasoir et le godemiché (nous n'avons pas relevé de traces de sperme, ou de marques de doigts sur le corps de Lillian), et a procédé avec méthode et application. Comment est-il parvenu à étouffer les cris que Lillian n'a pas manqué de pousser? Là, encore, c'est un mystère. Bref, il l'a torturée, violée, puis il lui a tranché l'artère fémorale et a laissé la petite agoniser dans son sang. Il a rangé son matériel, a effacé ses empreintes. Il est parti.

Il reprit son souffle.

– Dit comme ça, cela paraît si simple!... Bien. Maintenant voyons les suspects. Tout d'abord, vos collègues.

«Frank Dougherty, celui qui vous remplaçait, m'a semblé plus préoccupé par ses études de droit que par autre chose. Il nous a avoué après bien des tergiversations que cette nuit-là, il avait dormi, ce qui ne lui est pas habiuel. Nous avons procédé à des analyses de sang, nous avons trouvé des traces de somnifères dans son organisme. Ce détail le disculpe. Même chose pour Denis Gilmore, ce drôle de bonhomme que nous avons dû écarter alors que son comportement le plaçait en meilleure position parmi les suspects.

Il se cala sur la chaise.

– Passons aux filles. Nous les avons interrogées, il en est ressorti que toutes celles qui côtoyaient Lillian ne lui voulaient que du bien et ne lui connaissaient pas d'ennemis. Nous avons cherché une jalousie, un motif qui puisse justifier ce crime, nous n'avons rien trouvé. D'autre part, tous les criminologues qui ont regardé le dossier se sont accordés à dire que l'assassin était un homme en pleine maturité, qu'il n'en était pas à son coup d'essai. Or, des hommes mûrs, nous n'en avons pas beaucoup. Il y a le directeur de cet établissement, monsieur Scott Geller, il a passé la nuit aux urgences avec sa femme qui était malade. Il y a aussi le concierge qui loge dans un autre bâtiment et qui était saoul. C'est un vieil ivrogne qui dormait sur ses deux grammes d'alcool quand nous sommes venus le chercher au matin. Et puis, il y a vous…

Il s'arrêta. Un peu de silence est tombé en pluie fine. Je ne dis rien. Il soupira :

– Je vais être franc avec vous, monsieur Belmors. Vous êtes le suspect le plus étrange que je connaisse. Votre personnage possède deux faces. J'ai d'abord rencontré Belmors le Peureux, un être timide et réservé, aux habitudes régulières. Celui-là est ponctuel, appliqué, discret, c'est un employé modèle. Vos supérieurs vous font confiance et la basse-cour dont vous avez la charge vous adore. Jamais un écart de langage, jamais un mot plus haut que l'autre. Pour beaucoup Belmors le Peureux est pratiquement un saint.

Il jeta le crayon, sortit un paquet de cigarettes de sa poche. Je ne jugeai pas utile de l'avertir qu'on ne pouvait pas fumer dans les murs de Saint-Josaphat.

– Puis il y a Belmors le Fier, articula-t-il entre deux bouffées. Ou Belmors le Mystérieux, ou encore Belmors l'Effrayant. Ce Belmors-là représente le Mister Hyde de votre personnalité. Quelqu'un d'arrogant, de dissimulateur, sûr de lui, déterminé et même cruel. Ce personnage cadre bien avec le portrait de l'assassin. Vous voyez où je veux en venir ?

Gros malin ! Les flics, même en baskets, porteront toujours des chaussures à clous.

– Pas du tout, répondis-je.

– Réponse sibylline, dit-il en souriant et en foutant sa cendre par terre, et qui convient parfaitement à vos deux identités.

Je regardai ailleurs.

– Rentrons dans le vif du sujet, voulez-vous ? Qu'avez-vous fabriqué entre quatre heures et six heures du matin la nuit du crime ?

– Je vous l'ai dit, j'étais chez un ami.

– Oui, la première fois que je vous ai interrogé, vous avez nommé un certain Gilles Alazard, dit « Carcasse ». Quand ce dernier est apparu et a nié votre déclaration, vous avez tiré un autre lapin de votre chapeau : Simon Renard. Oh, rassurez-vous, le docteur Renard a confirmé votre alibi, il m'a dit tout ce que je voulais entendre. Hum !...

– Je n'avais pas les idées très claires, fis-je. La mort de la petite Cummings m'avait chamboulé. Je...

– Je croyais que vous n'aviez pas eu le temps de la connaître.

– Je n'ai pas menti. Mais le crime s'est déroulé sur mon lieu de travail, en quelque sorte sur mon territoire. Au risque d'être ridicule je dirais que j'ai été vexé. Il n'est pas drôle de savoir qu'un sadique rôde par ici alors que c'est moi qui fais mes rondes la nuit, quand les ombres sont menaçantes.

– Des ombres menaçantes, hein ?...

Il m'a fixé un moment en réfléchissant.

– Nous avons chronométré une voiture qui est partie de l'endroit où s'est tenue votre fête d'anniversaire et qui a fait le trajet jusqu'ici. En plein jour, avec des routes moyennement encombrées, il lui a fallu 25 minutes. La nuit, sans circulation, je vous donne moins d'un quart d'heure pour effectuer la même course.

J'ai baissé la tête.

– Répondez, insista-t-il.

– Que voulez-vous que je réponde ? Vous avez déjà tiré vos conclusions, me semble-t-il.

Soudain, je me rappelai un détail :

– Et la note trouvée dans la chambre de Lillian, celle qui m'innocentait ?

– Vous avez raison, fit-il en soufflant la fumée par le nez, et en laissant tomber sa clope sur le sol, qu'il écrasa du pied.

– C'est une preuve, ça. Non ?

– Si c'en était une, je ne serais pas ici, souligna-t-il. Selon moi ce serait plutôt une preuve contre vous.

– Contre moi ?

– Oui !... Quelqu'un a pris la peine de nous avertir, quelqu'un a pris des risques pour vous ôter de la liste des suspects, quelqu'un s'est douté que vous seriez notre première cible. Pourquoi ? Pourquoi ce corbeau s'est inquiété de vous et non de monsieur Denis Gilmore ou Frank Dougherty, vos collègues ? Nous sommes encore devant une question sans réponse. Nous avons soumis l'écriture à un graphologue ainsi qu'un échantillon des devoirs de chacune de vos pensionnaires...

Il a eu un geste dans le vide.

– Chou blanc. Il paraît que le caractère de ces demoiselles n'est pas assez formé pour permettre une identification formelle. Avec quoi vous rasez-vous ?

– Pardon ?

– Vous avez très bien entendu.

– Je ne me rase pas. Mon sang indien est imberbe.

– Vos yeux bridés viennent de là ?

– Oui.

– D'accord, mais expliquez-moi la provenance de votre nom français.

– Les gens qui m'ont trouvé à ma naissance s'appelaient ainsi.

– Vous êtes un enfant abandonné ?

– Oui.

– Vos parents adoptifs vivent encore ?

Qu'est-ce que ça pouvait lui faire ?

– Non, ils sont morts tous les deux.

Il a changé de sujet.

– Votre ami, le docteur Renard, est quelqu'un qui vous est proche, n'est-ce pas ?

– Oui.

– Il a en vous la plus grande confiance ?

– Oui.

– Alors si vous entrez un jour dans son cabinet sans sa permission, il ne vous en tiendrait pas rancune ?

– Non, c'est même arrivé plus d'une fois.

« Ferme ta gueule, Jeannot, me sermonnai-je. Il est en train de te ficeler comme un rôti. »

– Vous avez une clé de son laboratoire ?

– Oui. Mais il est toujours chez lui.

– Avez-vous accès à ses livres de médecine, ses armoires à pharmacie…

Il a fait une pause.

– … à ses instruments chirurgicaux ?

Clac ! fit le piège.

– Ses scalpels, ses gants paraffinés, ses rasoirs ? énuméra-t-il.

Je restai muet.

– Ses somnifères, ses poisons ?

Je respirai un grand coup.

– Vous ne dites rien ? s'enquit Saint-Jacques.

– Non, soupirai-je. Je ne dis rien parce que j'ai l'impression que, quoi que je fasse, je ne pourrais pas vous faire lâcher prise.

– Possédez-vous des objets comme ceux que je viens de citer ?

– Non.

– Il ne vous viendrait pas à l'idée de les utiliser pour votre usage personnel ?

– Je n'ai pas l'habitude de me charcuter, monsieur l'inspecteur.

– Je n'ai pas dit que vous vous charcutiez, vous.

Il savoura la portée de cette dernière réplique. Mais pour moi nous tournions en rond. Nous avions déjà abordé ces problèmes.

– Il y a autre chose, reprit-il en levant les yeux au ciel, puis en les plantant dans les miens. Au cours de votre fête d'anniversaire, vous avez rencontré deux personnes.

« Merde ! », pensai-je.

– Est-ce que le nom d'Elsa Thurnston vous dit quelque chose ?

– Oui, elle était l'assistante du gars qui faisait sa performance, ce soir-là.

– « Était » est le mot juste. Car cet homme, qui s'appelait Rolland Vyrn, a disparu. Elsa a témoigné que la dernière fois qu'elle l'a vu, c'était avec vous...

– Je l'ai raccompagné chez lui.

– Il avait, paraît-il, un cercueil (hum !...) dont il ne se séparait jamais...

– Là encore, je ne sais pas quoi vous dire. Je l'ai déposé devant sa maison, je l'ai aidé à décharger sa bière et je suis parti.

– Certes... Mais pourquoi avez-vous offert votre aide ?

– Comment ça ?

– Il semblerait qu'il vous ait pris comme tête de Turc au cours de son numéro. On nous a rapporté qu'il vous avait humilié, qu'il vous aurait même craché dessus.

– Par la suite nous nous sommes réconciliés. Il voulait que je lui rende un service.

– Quel service ?

– Il voulait rencontrer mon ami, Gilles Alazard, dit Carcasse.

Saint-Jacques s'est renfrogné en entendant le nom du vieux vampire.

– Oui, je me rends compte que c'est quelqu'un de populaire, maugréa-t-il. Mais votre histoire comporte des trous, monsieur Belmors. Des trous qu'il faudra bien combler un jour ou l'autre.

– Vous m'embarquez ?

– Non, non. Même si je détenais des preuves, je ne tenterais rien contre vous. En tout cas pas maintenant. Il faudrait qu'une deuxième fille soit torturée comme l'a été Lillian Cummings. Peut-être cela remuerait-il un peu les choses. Voyez-vous, je viens de Los Angeles, je n'ai pas bien l'habitude. Il paraît qu'ici c'est monnaie courante, que tout le monde bénéficie de protection. La vôtre est une des plus efficaces que j'aie rencontrées. Cependant, elle ne peut pas me lier les mains indéfiniment.

Il s'est levé de sa chaise.

– Je crois qu'on s'est tout dit, monsieur Belmors. Je vais retourner à ma petite enquête, mes petits oignons. Je vais vous laisser vous préparer... pour votre prochaine ronde.

Il est parti et je suis allé rouvrir la fenêtre. Le filet d'air a réussi à chasser l'odeur de la cigarette, pas le malaise qui régnait dans la pièce.

Après ça, pourtant, il m'a laissé tranquille. Son enquête piétinait, les micro-indices relevés dans la chambre 21 n'avaient rien donné, les résultats de l'autopsie n'étaient pas concluants, les témoignages vagues et insuffisants. Bref, Saint-Jacques pataugeait.

Je me tenais au courant par Carcasse qui menait sa propre investigation, qui visitait régulièrement le quartier général de la police. Le vampire piochait dans les dossiers dont il avait besoin, questionnait le médecin légiste, les gens chargés de la surveillance de notre établissement, m'informait presque jour par jour de la progression de ses démarches.

Carcasse, lui, suivait la trace de Martin le Magicien. Il avait réussi à se procurer un portrait du fou et me l'avait montré. J'avais contemplé un homme au visage quelconque, ni beau ni laid, avec une moustache rousse et des cheveux frisés, un profil très commun.

– Je l'apercevrais dans la rue, je ne le reconnaîtrais pas, avais-je dis. Il a la gueule de tout le monde, ce mec-là.

Mon ami avait dû en convenir. De fait son enquête à lui n'avançait pas non plus. Martin, après son évasion, n'avait pas donné signe de vie. Les rumeurs prétendant qu'on l'ait surpris aux abords de Saint-Josaphat ne paraissaient pas fondées. Carcasse enrageait. Il avait probablement pensé résoudre l'énigme d'un coup de baguette magique. Que sa science et ses pouvoirs éclairassent le tréfonds des ténèbres ! Et puis, rien. Je comprenais son amertume.

Donc, pour résumer, Saint-Jacques menait l'enquête (c'était bien normal, c'était son boulot), ainsi que Carcasse (un peu moins normal, mais il fallait qu'il se mêle de tout). Les choses auraient pu en rester là, malheureusement, une bonne partie du dortoir s'était aussi mis en chasse.

Mes pensionnaires, les grandes comme les jeunes, les timides comme les frimeuses, traquaient elles aussi le coupable. N'avais-je pas surpris Eve Lester par exemple, une jeune Noire aux tresses rasta tombant sur les épaules, furetant dans les couloirs après le couvre-feu ? Ou Sandrine Rousseau, une Québécoise avec qui je parlais parfois français et qui, soudain atteinte de pépie, se relevait dix fois pour aller boire ? Et je ne parle pas de Kate Nilsen qui faisait la navette entre son lit et les toilettes, ou des jumelles Bhadami, Veena et Jyoty, qui profitaient de leur ressemblance pour me rendre dingue. Ces adolescentes avaient endossé la gabardine de Sherlock Holmes, se promenaient à des heures indues pour « chercher des indices ». Je passais mon temps à reconduire mes brebis dans leur chambre, à les gronder à voix basse. Je ne restais plus dix minutes d'affilée dans mes quartiers.

Ce climat commençait à me peser. Mes seules nuits tranquilles à présent c'était quand Denis était là. Avec lui, plus de problèmes, elles se tenaient à carreau. Elles avaient peur qu'il en coince une dans un coin d'ombre pour lui malaxer les rondeurs. D'ailleurs mon collègue m'invitait à suivre sa méthode.

– T'as qu'à peloter la prochaine qui traîne dans le couloir. Je te jure que t'auras la paix, disait-il.

Je ne m'en sentais pas le courage. Ce drame m'avait donné l'occasion de rencontrer ces filles, de leur parler, j'étais un peu devenu leur complice. Jamais auparavant je n'avais partagé à ce point leur intimité. Elles ne me communiquaient pas encore leurs secrets, mais chaque jour je percevais de subtils changements dans leurs attitudes. La mort de Lillian nous avait rapprochés. Elles avaient compris, comme me l'avait dit l'une d'entre elles, que j'étais leur allié, que je les protégerais. Si je ne craignais pas de dire des bêtises, j'irais jusqu'à prétendre que je me sentais leur chef.

Enfin, après une dizaine de jours, les allées et venues cessèrent. Il ne resta plus que Sharon Wyllis, celle qui avait essayé de m'intimider le lendemain du meurtre de Lillian, pour continuer l'enquête et me bassiner avec ses questions foireuses. Avec elle, mes rapports avaient changé. Elle voulait que je soutire à Carcasse les informations qu'il piochait dans les dossiers de la police et que je les lui refile à elle, Sharon. J'aurais dû l'envoyer paître mais elle m'avait proposé un marché que je ne pouvais pas refuser : en échange de mes confidences, elle m'éclairerait sur la mentalité des femmes américaines (et je pensais qu'avec la science de Sharon je pourrais séduire Veronica McLellan). La perspicace adolescente avait deviné mon problème.

Sharon possédait une maturité et une intelligence qui me stupéfiaient. C'était toujours elle qui venait me voir (au moins deux ou trois fois par semaine). Elle s'asseyait sur la chaise et posait ses pieds sur mon bureau, tel un vrai détective. Quand elle avait fini de me questionner, elle attaquait son cours. Ainsi elle n'utilisait plus son esprit d'analyse à mes dépens mais à mon service. Pas à pas, elle décortiquait pour moi les rites du flirt américain. Elle devait en même temps tester ses propres capacités de séduction car elle me coulait parfois des regards nonchalants, ou faisait jouer ses cheveux en prenant des poses.

– Aujourd'hui, déclarait-elle d'une voix magistrale, nous allons étudier le premier contact physique.

Ou le choix du film pour une séance de cinéma, ou comment établir le tempo d'une conversation. Elle passait tout en revue, elle n'oubliait rien, que ce soient les généralités ou les détails. Je me souviens ainsi d'un de mes sujets préférés qui portait sur l'utilisation du téléphone.

– Vous dînez ensemble et cela se passe merveilleusement bien, avait-elle dit. Elle repart sans qu'un seul baiser soit échangé. Combien de temps doit s'écouler avant que tu ne la rappelles ?

– Une demi-journée…

– Tu veux dire que tu l'appellerais le lendemain ?

– Ben, oui.

Elle éclata de rire Elle ne manquait jamais de se moquer de mes lacunes.

– Mais elle s'enfuit en courant ! Tu ne peux pas foncer comme ça, tête baissée !

– Si ça s'est « merveilleusement bien passé », comme tu dis, quel mal y a-t-il à lui laisser un mot gentil sur son répondeur ? Pourquoi attendre ?

– Parce que l'attente est le ferment de la passion. L'attente donne du piquant à la prochaine rencontre. Enfin, je ne veux pas en parler maintenant, le sujet est trop vaste. Nous y consacrerons une autre soirée. Bon, alors, combien de temps avant le prochain coup de fil ?

– Deux jours ?…

– Une semaine ! me tança-t-elle. Plus : tu la décourages. Moins : tu l'effraies.

– Que dirais-tu de quatre jours ? En me retenant au-delà de tout, j'arriverais peut-être à tenir quatre jours.

– Je ne suis pas en train de marchander. Je te donne les normes standard.

Ce mot me glaçait. Ainsi il existait des normes, des codes, un cérémonial auxquels tout le monde se conformait. Les Américains appelaient cela «jouer le jeu», un jeu qui ressemblait pour moi à une guerre, une guerre sans merci que les sexes se livraient pour s'assurer le contrôle de l'autre.

Sharon ne s'y trompait pas, d'ailleurs. Elle usait d'un vocabulaire militaire :

– Il faut la voir sur un terrain neutre et aborder des sujets de conversation sans conséquences. Il faut qu'elle baisse sa garde, qu'elle oublie tes intentions.

Lancée, elle brodait sur le thème de la confiance : ses différents aspects, son efficacité, ses limites aussi. (Attention, tu ne veux pas qu'elle commence à te faire des confidences. Il ne s'agit pas d'être son ami mais son amant!) Ou bien elle commençait une conférence sur le silence, comment garder une certaine réserve tout en étant chaleureux, comment ne pas répondre à toutes ses questions et comment en éluder certaines, comment piquer sa curiosité, comment la tenir en haleine, etc.

De temps en temps elle dévoilait un peu des sentiments qu'elle avait pour moi. Par exemple, un soir qu'elle devisait depuis un moment sur le thème de la douceur, elle s'arrêta tout à coup au milieu d'une phrase :

– Je ne devrais pas te parler de ça, dit-elle.

– Pourquoi?

– Parce que ton problème est là justement : tu es trop doux, trop tendre!

– Je devrais être dur ? Brutal ?

– Pas forcément, mais si elle sent que la partie est trop facile, elle l'abandonne.

– Qui a dit que j'étais facile ?

Elle a sorti un bout de langue rose.

– Facile n'est pas le mot. Mettons que tu es éperdu… Non plutôt… euh… sensible ! Voilà ! Tu es d'une nature sensible.

– Et alors ?

– Alors les hommes ne doivent pas montrer leurs sentiments. Ils sont, au contraire, impassibles et détachés.

– Ce sont des clichés !…

– Si tu veux, n'empêche que c'est comme ça ! Tous les codes sont basés sur des clichés.

– Les filles naissent dans les roses et les garçons dans les choux. Ah, ah ! tu te fiches de moi.

– Écoute, tu n'es pas obligé de me croire.

Je ne l'avais pas crue. Enfin, pas tout à fait parce que, un soir que je ne travaillais pas, je pris position dans un bar avec une expression aussi coriace que possible. Je restai trois heures accroché à un double whisky sans parler à personne. Comme l'endroit allait fermer, je me décidai à approcher une blonde que j'avais repérée. Nous échangeâmes une vingtaine de répliques pendant lesquelles je m'appliquai à conserver la même gueule patibulaire. Pour la forme je lui demandai son numéro de téléphone. Elle se mit à rire, me laissa en plan.

Le verdict de Sharon fut sans appel :

– Tu as confondu fermeté et raideur !

Elle éclata de rire en entendant sa phrase.

– Je ne peux pas aller contre ma nature ! protestai-je. Ce serait le contraire de l'amour, non?

– Nous ne parlons pas d'amour, rectifia-t-elle, mais de flirt. L'un ne précède pas l'autre.

En l'occurrence je n'étais pas d'accord. Car si elle était devenue mon professeur, si je l'autorisais à rester debout après le couvre-feu, c'était parce que J'AIMAIS Veronica McLellan. Je n'essayais pas de séduire, J'AIMAIS. Au fur et à mesure que le temps passait, je me sentais une passion de plus en plus vive pour la rousse écossaise.

Tous les soirs, tous les matins, j'allais rôder dans la rue Lister. Je commençais à connaître les habitudes de ma belle, bien que je ne la visse jamais vraiment, enfin, pas de pied en cap. Je ne l'apercevais que derrière les rideaux de ses fenêtres, se mouvant comme une ombre éclairée.

Je n'avais pas mis longtemps à comprendre qu'elle ne vivait que le jour, qu'elle sortait le matin à l'aube, à peine le soleil levé, et ne rentrait qu'au crépuscule. Elle paraissait toujours extrêmement fringante quand la journée commençait, et épuisée en soirée.

Comme promis, Simon s'était renseigné sur son compte. Il avait appris qu'elle travaillait pour une agence de mannequins, qu'elle y occupait un poste d'agent publicitaire. La pensée de savoir ma Veronica entourée toute la journée par les plus beaux spécimens mâles de la ville m'avait épouvanté. Mais Simon m'avait rassuré en me racontant que les singulières habitudes de la demoiselle décourageaient les candidats. Elle ne suivait que ses horaires, arrivait à son travail ou en repartait quand cela lui chantait. Et, parce qu'elle était l'une des meilleures employées de sa boîte, son patron fermait les yeux. Moi je savais que Veronica McLellan suivait la course du soleil, que cette habitude me la rendait, à moi aussi, inapprochable.

Pourtant je continuais à me précipiter jusqu'à son adresse dès que j'avais du temps libre. Je contemplais les grilles gardées par le husky et je la guettais pendant quelques minutes. Si elle tournait la tête de mon côté, elle ne manquait jamais de m'envoyer un sourire, ce qui n'arriva que trois fois. Je la trouvais de plus en plus belle, de plus en plus désirable, j'en avais marre de me consumer d'amour pour sa silhouette. Après dix jours de désespoir, et persuadé que la rencontre ne se ferait pas si je ne poussais pas un peu la chance, je résolus de prendre quelques risques. Les leçons de Sharon m'avaient profité, je me croyais prêt à tenter l'aventure.

6

Un dimanche matin, donc, je me postai devant la maison de Veronica McLellan et j'attendis. Dès que les premiers rayons de soleil frappèrent mon pare-brise je me jetai dans le coffre, me fourrai dans mon sac de couchage. J'avais pris soin d'encombrer l'habitacle de vieux journaux afin de rester caché aux regards des éventuels badauds.

Je dormis, on s'en doute, inconfortablement. Dès que le soleil disparut, je jaillis du sac. Je me plantai devant la maison.

Alors je la vis arriver au bout de la rue, ses cheveux rouges encore imbibés de lumière. Je sortis mon paquet de cigarettes, en répandis la moitié par terre, intentionnellement cette fois.

Elle portait un manteau vert pâle qui s'arrêtait à mi-cuisse, des pantalons beiges, des socquettes de nylon noir et une écharpe bleu clair. Elle n'était plus qu'à quelques mètres quand l'aura de son parfum me frôla. Je humai une fragrance piquante, musquée. Je cessai de bouger.

Comme je bouchais l'entrée de sa propriété, elle stoppa près de moi. Je picorai mes cigarettes un peu plus vite.

– Je suis tellement maladroit, marmonnai-je.

J'avais préparé : « Je suis désolé, ce ne sera pas long », Sharon m'en avait dissuadé. Il ne fallait pas, selon elle, commencer par des excuses.

Veronica recula de quelques pas en murmurant :

– Prenez votre temps.

Je terminai ma collecte. Je me redressai. Je lui avais donné vingt-cinq ans, mais je n'étais plus si sûr de mon estimation tant sa peau était fraîche et saine. J'avais aussi toujours été placé trop loin d'elle pour noter les taches de rousseur sur son visage, le grain de beauté sur son menton, la blancheur de ses dents.

De la même façon, la couleur de ses yeux m'avait échappé. À présent, dans la lumière mourante de cette soirée d'automne, ils m'apparaissaient d'un ocre soutenu, presque rouge, une teinte profonde et énigmatique. Son regard illuminait son visage : le pourpre de ses lèvres, l'incarnat de ses joues, l'amarante de ses paupières. Elle aurait pu être le modèle d'un peintre hollandais amoureux des demi-tons et de la luminosité.

J'étais ému aussi par la présence de son corps souple, gracieux.

Je ne sais pas si elle me reconnut, mais elle me sourit. Je remerciai le Cutacnyl à dix grammes qui avait redonné un semblant de grâce à mes traits. En revanche j'avais conscience que mon séjour dans la voiture ne m'avait pas arrangé. Mes cheveux gisaient en paquet au sommet de mon crâne, mes traits étaient tirés par le mauvais sommeil, mes habits pendaient sur moi comme un drapeau de vaincu. Sans compter que je devais dégager une odeur de vieille sueur et de plastique surchauffé du plus mauvais effet.

Je m'effaçai pour la laisser passer. Elle continua de sourire, s'approcha de la grille. Le husky poussait son museau contre les barreaux.

– Vous avez un bel animal, la complimentai-je.

« Toujours faire simple, m'avait seriné Sharon. Ne va pas lui parler en phrases alambiquées de la forme de ses pompes. »

– Il s'appelle Loner [1], répondit-elle.

– C'est un drôle de nom.

« Ne jamais poser de questions directes pendant les premiers échanges », conseillait la lycéenne.

– Mais il lui va bien, dit-elle.

– Oui, je suppose. Tant que sa solitude ne le rend pas malheureux.

« Relancer la conversation d'une manière subtile », professait Miss Wyllis.

Veronica ne répondit pas tout de suite. Elle re-

1 - Solitaire

garda le chien, le caressa entre les oreilles. Elle hocha la tête.

– Il n'en a pas l'air. Je crois qu'il s'est fait une raison.

« Si elle te tend la perche, prends-la ! »

– Une raison ?

– Oui, il connaît mes habitudes. Il les a acceptées. Vous comprenez ?

– Oui... je... Écoutez, je vais vous laisser. Je dois aller travailler.

Sharon m'avait recommandé de pousser la conversation aussi loin que possible. Mais je l'envoyai promener. Veronica était fatiguée. Le soleil était loin, chaque minute accentuait son épuisement.

– Vous travaillez de nuit ? demanda-t-elle.

– Oui, dans un lycée, je suis surveillant de dortoir. Un boulot tranquille.

– Il y a un lycée où on tue les pensionnaires.

– À Saint-Josaphat, oui : c'est le mien.

Elle m'a observé d'un air bizarre.

– Je n'étais pas de garde la nuit du crime. Je fêtais mon anniversaire.

Elle a refréné un bâillement.

– Oh, excusez-moi, dit-elle. Ce n'est pas à cause de vous.

– Je m'en vais. Vous avez l'air de tomber de sommeil.

– J'ai eu une longue journée, fit-elle en introduisant sa clé dans la serrure.

– Alors au revoir. Enchanté de vous avoir rencontrée.

Elle m'a tendu la main.

– Je m'appelle Veronica. Veronica McLellan.

– Et moi, Jean Belmors.

Elle a tenté de me sourire, mais elle n'en avait plus la force.

– Peut-être qu'on se reverra, dit-elle avant de refermer la grille.

– Oui, peut-être.

Je tournai les talons.

Malgré la banalité de notre conversation, je jubilais en m'installant sur le siège de ma voiture. Je tapais des mains, je criais des injures victorieuses, je faisais un barouf d'enfer. Les derniers mots qu'elle avait prononcés, surtout, me procuraient des émotions incroyables. «Peut-être qu'on se reverra.» J'y voyais l'expression d'un souhait, d'une invitation, presque un rendez-vous pour l'avenir.

Je roulais sans but quand, après vingt minutes de transe, je me rendis compte qu'un miracle s'était produit : je n'avais pas été intimidé. Pendant tout le dialogue avec Veronica, je n'avais pas bafouillé, je n'avais pas fait de lapsus. Je n'avais pas non plus rougi comme un idiot. En somme je m'étais senti très à l'aise en sa compagnie. La femme capable de me faire oublier ma timidité serait celle qui partagerait ma vie. Que dis-je, mon éternité.

Vampire ! Dans l'élan de ma passion j'avais cessé de penser que j'étais immortel. Que faire ? Rendre Veronica immortelle ? Oui ? Non ? Le problème m'occupa un moment. En définitive, je décidai qu'il serait bien temps de m'inquiéter quand les choses seraient plus avancées.

Je ne sortis de mon extase que trois heures plus

tard, après avoir roulé au hasard dans les rues de Chicago. Je ne me réveillai que lorsque je vis les murs de Saint-Josaphat se profiler devant moi.

L'enceinte ressemblait à une prison et, derrière les murs, les arbres perdaient leur feuillage coloré. Par-delà la végétation, je distinguais le contour du bâtiment principal, la façade victorienne de brique rouge, les fenêtres ornementées de guirlandes de pierre, les angles rondouillards des escaliers. Il était à peine neuf heures. Seules les lumières de l'internat blotti sous la charpente étaient allumées. Elles allaient bientôt s'éteindre.

L'endroit semblait paisible, une lune joufflue montait derrière les branches. J'imaginais les petites dans le dortoir se pelotonnant dans les couvertures en bâillant. Frank Dougherty buvait sûrement son premier café de la soirée avant de mettre le nez dans ses bouquins de droit. Denis, ou son remplaçant Howard Carr, allait passer dans le couloir et plonger l'internat dans le noir.

Je ne connaissais pas les dimanches à Saint-Josaphat, mais je les imaginais sans peine. Les filles éprouvaient sûrement le manque de leur famille. Est-ce qu'elles étaient en proie au cafard ?

Leurs parents étaient soit dans un autre Etat, soit dans un autre pays, des gens qui n'avaient pas le temps de s'occuper de leurs enfants et qui avaient confié leur progéniture aux bons soins d'un des lycées les plus prestigieux des États-Unis.

À Saint-Josaphat, tout le personnel était trié sur le volet, des professeurs aux femmes de ménage. Les élèves disposaient d'un équipement moderne avec deux gymnases, un stade, quatre salles de chimie, trois salles d'ordinateurs, des laboratoires de langues, un auditorium, une imprimerie, une salle de jeux. On offrait des doyens dans chaque matière, des tuteurs aussi, des conseillers, des psychologues. Quant au cadre, avec son parc, son jardin d'hiver, ses pelouses entretenues, son étang, il aurait comblé les désirs des plus difficiles.

Mais, et puis?…

À la tombée de la nuit, le vague à l'âme reprenait ses droits. Les joujoux de la technique ou le soutien d'un spécialiste n'atténuaient pas le sentiment d'abandon qui hantait les pensionnaires. Il ne leur restait plus que leurs amies. Ainsi, au dortoir, les filles étaient très unies, soudées en quelque sorte par une commune douleur. La solitude, étrangement, les rapprochait.

Je fis demi-tour.

La lueur de mes phares glissa sur le mur d'enceinte, accrocha un lampadaire, un petit homme, l'enseigne d'une station-service, une file de voitures en stationnement. Je regardai machinalement dans le rétroviseur et vis que l'homme sur le trottoir avait les cheveux frisés et une moustache blonde. Il marchait d'un pas vif vers la grille du lycée. Je roulai encore sur quelques mètres avant de réagir :

– Martin ! m'écriai-je. Martin le Magicien !

Je cherchai une voiture de police. Aucune ne patrouillait dans les parages.

– Ah, merde ! Où ils sont ? m'emportai-je.

Le temps que je gare ma bagnole, Martin avait disparu.

Je traversai la rue, passai le mur du lycée. Je m'arrêtai une seconde en tendant l'oreille. Je captai un bruit de pas à cent mètres sur ma droite dans le parc.

Je le suivis à distance, m'arrêtant parfois pour écouter sa progression. Je n'avais jamais entendu le pas de quelqu'un qui ressemblât au sien. On aurait dit qu'il trottinait sur des jambes maladroites, comme un nourrisson. Il se précipitait par élans, martelant le sol sur une cadence arythmique, puis il s'arrêtait brusquement sans raison. Il tomba plusieurs fois.

Il emprunta une allée de ciment, parvint derrière le bâtiment principal. Je perçus le bruit d'une serrure qu'on trifouille, celui d'une porte qui s'ouvre. Je le talonnai, m'introduisis à sa suite. Je ne savais pas s'il m'avait repéré, mais quand je fus à l'intérieur du bâtiment je n'entendis pas un bruit. Je répète : pas un bruit.

J'inspectai le rez-de-chaussée, ouvris quelques portes, furetai dans des salles : en vain. Il s'était volatilisé. Qu'il ait échappé à mon regard, je veux bien l'admettre, mais comment avait-il pu se soustraire à mon ouïe ? Un être humain émet des sons : il respire, il cligne des yeux, ses tripes coassent, son cœur bat. Je percevais cette cacophonie à de grandes distances. Là, c'était comme si Martin n'existait plus !

Je m'obstinai encore un moment, l'oreille aux aguets, puis je montai quatre à quatre les marches jusqu'au dortoir. Je m'engouffrai en trombe dans le couloir désert, tournai à droite et bondis dans la chambre des surveillants. Frank Dougherty poussa un cri :

– Qu'est-ce que tu fais là ?

Je me précipitai vers le téléphone, composai un numéro.

– Police secours ? aboyai-je. Martin Clay est à Saint-Josaphat ! Prévenez Saint-Jacques ! L'inspecteur Saint-Jacques !... Oui, qu'il se dépêche !

Frank avait pâli. Je raccrochai.

– Mais... Mais, comment ça ? bégaya-t-il.

Je lui racontai les minutes que je venais de vivre. Il allait me poser des questions quand nous entendîmes une cavalcade. Saint-Jacques surgit dans la piaule avec huit hommes.

– Le cahier d'appel, vite !... Jolls, Ferrick : vérifiez que tout le monde est là ! Barnes, Adler : surveillez les issues ! Les autres : fouillez les chambres ! Et que les filles retournent au lit quand vous aurez terminé !

Il se tourna vers moi :

– Racontez-moi ce que vous faites ici, monsieur Belmors.

Je lui servis un mensonge invérifiable, que je voulais aller dans un café pas loin d'ici, que c'était fermé, que j'étais passé devant le lycée et que j'avais repéré Martin dont la photo était dans tous les journaux.

– On verra si vous dites la vérité, grommela-t-il. Je suis en train de faire fouiller le parc et toute cette foutue cambuse. Est-ce que Martin portait quelque chose ? Un paquet ? Un instrument ?

– Non, je ne pense pas.

– Il est entré par la porte de derrière ?... Il avait la clé ?

– S'il a fracturé la serrure, ça ne lui a pas pris plus de cinq secondes.

Il a continué son interrogatoire, mais j'avais vidé mon sac.

La première escouade, celle qui avait inspecté le bâtiment, revint bredouille. Pas de Martin nulle part. Saint-Jacques désigna quatre hommes pour surveiller les étages. L'équipe qui avait ratissé le parc n'eut pas plus de chance. Là encore, l'inspecteur envoya des sentinelles pour la nuit. Enfin, ceux qui avaient retourné les chambres revinrent faire leur rapport : rien à signaler. Prince Saint-Jacques plaça deux hommes dans le couloir.

– C'est un drôle de phénomène, ce Martin ! apprécia l'inspecteur. Ou alors c'est vous qui m'avez raconté des histoires, ajouta-t-il en me regardant.

– Écoutez, je me demande bien pourquoi je provoquerais une fausse alarme.

– Je me le demande aussi, murmura-t-il.

– J'ai déjà assez d'emmerdements comme ça. Je ne suis pas maso.

– Bien sûr, bien sûr.

Il se fourragea l'oreille avec l'index.

– Bon, eh bien je ne vois pas ce que je pourrais faire de plus ! soupira-t-il. Vous restez, monsieur Belmors ?... Non ? Dans ce cas partons ensemble.

Dans le parc, il me prit le triceps :

– Vous devriez passer la nuit chez un ami, quelqu'un qui pourra répondre de vous. Ne vous avisez surtout pas de revenir ici avant demain.

– Mais je n'en ai pas l'intention, répondis-je.

– Parfait ! Donnez-moi l'adresse et le numéro de téléphone où vous comptez vous rendre. Je veux que vous y soyez dans un quart d'heure. Je vous appellerai.

Je lui ai donné les coordonnées de Simon, qu'il a accueillies avec une grimace.

– Encore lui ! maugréa-t-il.

– Je n'ai pas tant d'amis.

Les arbres du parc nous engloutissaient à présent. Les troncs absorbaient la lumière de la lune. J'entendis le hululement d'une chouette que j'aperçus posée sur une haute branche. Je sursautai quand je reconnus les yeux qui nous scrutaient. Prince Saint-Jacques avait levé la tête lui aussi.

– Il est énorme pour un hibou, commenta-t-il.

– C'est une chouette, pas un hibou.

« Hou hou », approuva l'oiseau.

– Vous vous y connaissez en oiseaux ? demanda l'inspecteur.

– En ceux-là, oui.

Nous passâmes près de l'étang. De la vapeur d'eau s'effilochait à la surface, je le fis remarquer à Saint-Jacques. Il ne releva pas.

Les choses commençaient à être un peu plus claires à présent. Quelques pistes s'ouvraient à moi. Ce fut d'un cœur léger que je parcourus les derniers mètres jusqu'à ma voiture. J'étais certain qu'il n'arriverait rien au lycée.

7

Comme promis, après avoir quitté Saint-Jacques, je filai chez Simon qui m'enjoignit de passer une blouse blanche et de retrousser mes manches.

– Tu tombes bien ! me lança-t-il. On va faire une expérience.

Il s'empara d'une seringue, me la planta dans l'avant-bras.

– Je vais essayer de te voler un de tes pouvoirs et de me l'injecter… Rassure-toi, tu seras le même.

Les pouvoirs d'un vampire sont son bien le plus précieux, quoique les miens ne m'aient jamais apporté le bonheur. Celui que j'utilisais tous les jours, mon ouïe surdéveloppée, me faisait pénétrer dans un monde qui souvent me répugnait. Il me permettait, en marchant dans une simple rue, de surprendre les secrets des maisons alignées. Derrière les portes, à travers les murs, les fenêtres, j'entendais les gens vivre, s'aimer, se haïr. Je me serais bien passé des piaillements incessants de leur télévision, des sanglots des amoureux éconduits, des jérémiades des enfants, des bruits de coups, des insultes, des menaces qui peuplaient leurs querelles. J'aurais bien aimé aussi être épargné par les halètements des couples en train de faire l'amour, les obscénités que certains proféraient, les beuglements de jouissance, les couinements de douleur. Oh, ce n'étaient pas tous les jours le claquement du fouet et le cliquètement des chaînes, mais quelques amants ne se gênaient pas pour décrire en détail le déroulement de leurs ébats. Sans être chochotte, je ne me sentais pas assez concierge pour prendre mon pied dans ces indiscrétions.

Mon deuxième pouvoir, celui de me changer en brouillard, je ne m'en étais presque jamais servi. Certes, grâce à lui je pouvais supporter la lumière du jour et demeurer invisible. Mais ces avantages étaient contrebalancés par deux sérieux inconvénients. Le premier était que j'étais obligé de m'attacher aux pas de quelqu'un pour me déplacer. Le deuxième résidait dans le fait que cela m'épuisait, que toute mon énergie et ma vitalité étaient sollicitées au point de me laisser dans un demi-coma quand je reprenais forme humaine. La première fois que j'avais utilisé ce pouvoir (je voulais juste l'essayer, j'avais passé ma journée à suivre la trajectoire sinueuse d'une courtisane), j'avais failli y laisser ma peau. Je m'étais réveillé quelque part dans la rue de Vaugirard, exsangue, incapable de faire un mouvement, et, si je n'avais pas été secouru par Carcasse, je serais mort pour de bon.

Mon troisième et dernier pouvoir, je le mentionnerai à peine. Il consistait en des éclairs d'intuition qui concernaient soit ma propre vie, soit la destinée du pays où je me trouvais. J'avais ainsi pu «sentir» que la Révolution française amènerait au pouvoir un général conquérant, de même que j'avais tout de suite compris l'importance de l'œillade échangée entre Veronica McLellan et moi. Malheureusement ce don ne fonctionnait que par intermittence, absolument sans mon contrôle, et sa puissance pouvait se confondre avec la force d'une décision telle que de prendre une chemise blanche plutôt que bleue pour s'habiller après une douche.

Pourtant je devais m'estimer heureux. La plupart des vampires ne possédaient qu'un seul talent. Des petites choses insignifiantes ou futiles comme de pouvoir grimper sur des surfaces verticales, d'être insensible au feu ou d'imiter le cri du chacal. Cela n'apportait rien à leur existence. Cependant, ils tenaient à leur don. Leur condition de vampire devait se dorer du prestige de pouvoirs surnaturels, quels qu'ils soient. Ils s'inquiétaient quand ils perdaient leur faculté. Ils s'en venaient consulter le docteur Simon, celui qui s'était penché sur leur cas, qui connaissait quelques remèdes efficaces, qui était capable de rafistoler leur horloge.

Simon leur pompait du sang, de ce sang noir et épais comme de la boue qui nous coule dans les veines. Il soumettait l'échantillon au microscope, pratiquait des tests, faisait des expériences, il indiquait une cure, dix jours de magnésium en capsules, ou un mois de psychothérapie. Simon aurait voulu analyser le sang de Carcasse, coincer ce plasma fabuleux entre deux lamelles de verre, ce que l'autre n'avait jamais consenti à faire. Carcasse n'avait aucun problème, selon lui, et aucun désir d'aider la science non plus, qu'on ne l'embête pas avec ça ou sinon il changerait l'importun en fiente de canard.

D'où captions-nous nos pouvoirs? La plupart du temps ils étaient donnés par celui qui vous transformait en vampire. Quand un vampire suçait le sang d'un quidam dans l'intention d'en faire un immortel, il lui offrait un ou des dons qu'il possédait lui-même, cette dernière clause étant, en quelque sorte, une manière de lui souhaiter la bienvenue au club. Tout le monde n'était pas susceptible de devenir vampire. Il fallait une bonne santé pour survivre à cette métamorphose. Ceux dont les glandes étaient par trop faibles succombaient au cours de l'opération. Simon m'avait expliqué que traiter du sang grumeleux réclamait un travail énorme de la part du corps.

Toutefois, il existait une autre façon d'obtenir un pouvoir. Les êtres humains, les simples mortels, n'en étaient pas dépourvus. Je parle, bien évidemment, de ces gens doués de la faculté de se rendre aimables, ou capables de mémoriser n'importe quoi, ou, plus simplement, dotés d'un sens du rythme irrésistible. De ces gens de tous les jours qui nous étonnent grâce à une particularité qui les distingue des autres. Les conditions de passation de pouvoir étaient les mêmes que pour les vampires, il suffisait de convaincre le talentueux badaud de se débarrasser de son don, et de se repaître de ses cellules. En conséquence de quoi, le pauvre type en mourait.

Je soupçonnais Carcasse, qui, parmi sa panoplie de talents, possédait aussi celui de convaincre, d'avoir puisé à pleines mains dans ce trésor illimité. On ne pouvait l'accuser de cupidité, il aimait la vie, il voulait en profiter au maximum.

Simon, qui préparait dans ce moment deux sacs de sang pour mon usage, détenait, en plus de sa faculté de compter, une vue extrêmement perçante qui lui permettait de distinguer sans jumelles les stigmates d'un variolé à plus de cinq kilomètres.

Il alla chercher mon dossier médical, le feuilleta un instant avant de me demander :

– Donne-moi des nouvelles de Veronica.

– Nous avons parlé pour la première fois ce soir.

Je lui racontai brièvement la conversation. Il détacha une cartouche de sang avant de conclure :

– Une affaire à suivre. Non !... Ne me pose aucune question, vous avez vécu le début. Ce n'est pas assez pour tirer des plans sur la comète.

Je rangeai mon enthousiasme. Je changeai de sujet :

– J'ai vu Carcasse au lycée. Il était perché sur un arbre. Il avait pris la forme d'une chouette. Et j'ai vu Martin aussi, oui, le psychopathe dont tu parlais. Mais ne t'emballe pas, il a disparu avant que je ne sache ce qu'il fabriquait à Saint-Josaphat.

– Ah ?! dit-il en levant les sourcils.

Il a soudain foncé vers son bureau.

– Au fait ! Ça me fait penser, s'écria-t-il.

Je le vis fourgonner dans une pile de paperasses.

– Groddeck, *Le livre du ça* ! s'exclama-t-il en brandissant un bouquin. Tiens.

J'ai ouvert le livre. J'ai vu qu'il en avait souligné des passages :

– *Le Ça joue des tours extraordinaires,* lus-je*; il guérit, il rend malade, il obtient l'amputation de membres sains et fait courir les gens en rond. Bref, c'est un phénomène capricieux, déconcertant et divertissant.*

Il laissa tomber une goutte de mon sang sur une lamelle de métal qu'il appliqua sous le microscope.

– *Cette manière de voir*, continuai-je, *ne provient que des efforts vains et désespérés pour tâcher de comprendre quelque chose à l'univers. Sitôt que l'on s'y essaie, un Ça particulièrement malicieux, caché dans quelque coin, nous joue des tours pendables et manque mourir de rire de notre prétention, de l'outrecuidance de notre nature.*

– Martin tout craché, dit-il.

– Si ton bonhomme répond à cette description, il est pire que je ne l'imaginais.

Simon remonta sa propre manche. Il inséra une aiguille dans sa veine.

– Ce bon Groddeck est perspicace, dit-il. Mais justement, je ne pense pas que Martin ait commis ces crimes.

Tout en se pompant trois cartouches de sang, il m'expliqua qu'un être comme Martin ne ferait pas preuve d'autant de sang-froid et de méthode. Il serait inventif, capable d'improvisation et de malice, mais trop brouillon pour des crimes de cette magnitude. Il étaya sa démonstration en me racontant l'histoire du pauvre fou.

– On venait applaudir Martin le Magicien de loin, commença-t-il. Il a fait plusieurs fois le tour du monde. Il jouissait d'une réputation prodigieuse. Rien n'aurait pu lui arriver. Mais un jour il est entré dans une épicerie à New York alors qu'un petit malfaiteur tentait de voler la caisse. Le malfaiteur a tiré et Martin a écopé d'une balle qui s'est logée dans son crâne. Il a passé deux mois et demi sur un lit d'hôpital lié à des machines qui vivaient pour lui. Quand il s'est réveillé son Moi l'avait quitté, il n'était plus qu'une pulsion, un Ça incontrôlable. L'asile n'a pas pu le garder plus de trois jours. Quand il a réussi à s'échapper, son escapade a duré une semaine. Il a tué deux personnes, en a blessé une vingtaine d'autres. On l'a pourchassé, rattrapé et, une fois que la médecine a remis la main sur lui, il a servi de cobaye à toutes sortes d'expériences. Il a été diagnostiqué comme le prototype même du Ça, un esprit dont l'inconscient serait la seule forme de pensée. Je suis moi-même allé lui rendre visite plusieurs fois. On nous demandait de nous déshabiller entièrement et d'entrer dans sa chambre les mains vides : pas de papier, de stylo, de lunettes.

Martin était lui-même nu comme un ver dans une pièce matelassée du sol au plafond.

Simon a délayé une goutte rose dans un tube à essais.

– Je l'aimais bien. Tout le monde l'aimait bien. Il était difficile de lui résister : il riait tout le temps. Quand une femme entrait il se masturbait sans façon, quand c'était un homme il faisait pareil, mais plus lentement. Une fois il était engoncé dans une camisole de force. Il a voulu se gratter la tête et s'est dégagé de son carcan en quelques secondes. Ensuite il s'est recouvert avec le tissu de la camisole, il a disparu. Nous étions éberlués. Il a réapparu dans un autre coin, les cheveux ébouriffés, hilare.

– Et de quoi parliez-vous avec lui ?

– Nous n'avions pas de réelles conversations. Quand on lui posait une question il répondait une suite de mots sans rapport les uns avec les autres. Il nous a fallu un moment pour comprendre qu'il s'exprimait par symboles. Par exemple pour « Comment vas-tu ? », il répliquait « Enfer-bon-Olga », ce qui voulait dire qu'il avait chaud mais qu'il surmontait son inconfort en pensant à autre chose.

Je ris.

– Ou ça aurait pu vouloir dire que l'enfer n'est vivable qu'avec une dénommée Olga, reconnut Simon. Oui, oui. Mais nous étions obligés de nous livrer à des interprétations. Ah ! Ça y est ! Viens par là.

Je me penchai sur le microscope.

– Tu vois ces cellules blanches qui forment des triangles : ce sont les composants d'un de tes pouvoirs.

– Lequel ?

– Celui qui te permet de te changer en brouillard. On va l'asticoter un peu.

– Pourquoi Martin revient-il toujours à Saint-Josaphat ?

– Répondre à cette question c'est peut-être résoudre l'énigme. Il n'a jamais suivi de direction précise, il avance au petit bonheur, sans but ni boussole.

Nous avons continué à travailler en silence, chacun plongé dans ses pensées. Je me demandais comment Martin réussissait à disparaître, comment il se nourrissait, où il avait trouvé les habits qu'il portait.

– Je pense qu'on s'occupe de lui, avançai-je.

– J'y ai pensé aussi, c'est fort probable.

– Dis donc, Simon : tu penses que Martin est un vampire ? Cela expliquerait bien des choses, non ?

– Carcasse m'a posé la même question. Nous avons fait des recherches dans nos fichiers, nous n'avons rien trouvé. Martin ne ressemble pas à un vampire. Il ne boit pas le sang de ses victimes.

La nuit s'est étirée. Saint-Jacques m'a appelé trois fois « juste pour savoir ».

Simon a fini par me dire que l'expérience avait échoué : il ne pouvait pas transférer de pouvoirs grâce à ses pipettes. Nous étions condamnés à nous en tenir à la bonne vieille méthode.

– Par contre, dit-il, j'ai découvert que notre plasma travaillait comme un bon vin, qu'il connaissait des cycles de transformation. Peut-être faut-il attendre une période propice.

Nous nous sommes couchés sur cet espoir.

***

Le téléphone a sonné alors que le jour allait se lever. Simon est apparu dans la chambre, m'a tendu le combiné. C'était Carcasse.

– Jean ! s'exclama-t-il. La petite Kate Nilsen a trépassé cette nuit dans la chambre 21, et ce de la même façon que sa consœur.

Kate ! Kate Nilsen ! Une brune au visage poupin, un bébé boudeur ! Son visage s'imprimait nettement dans ma mémoire. Elle avait seize ans et demi.

– Je n'ai rien pu faire, dit-il.

– Et la police ?

– Endormis ! Ceux de garde, comme tes collègues répétiteurs. On a versé un charme dans leur café.

– Et toi, bon Dieu ? Tu étais là, tu as bien dû voir quelque chose ?

– Écoute, je te narrerai tout ça ce soir. Viens me voir à ton réveil.

Quand je me levai, je mâchai une mauvaise pâte de sommeil. J'avais dormi trois ou quatre heures avec un poids sur la poitrine. Dehors, une pluie glaciale me gifla le visage.

La maison de Carcasse, une sorte de manoir anglais aux lourds contours de brique noire, ne comportait qu'une seule ouverture éclairée.

Il s'est montré cintré dans une robe de chambre pourpre, un cigare tordu entre les lèvres. Le salon, meublé de gros fauteuils en cuir et d'une table basse, était tapissé de livres, ce qui conférait à l'endroit un aspect intime et solennel. Une énorme cheminée de château prodiguait une chaleur confortable.

Nous avons pris place devant l'âtre. Je l'ai regardé en coin en murmurant :

– J'ai rencontré une fille. Elle s'appelle Veronica McLellan.

Je ne lui avais encore pas parlé de mes amours, je redoutais sa réaction.

– Oui, dit-il en se raidissant, Simon m'a chargé de quêter des renseignements sur cette bachelette.

Il eut une moue amère en articulant :

– Évidemment, je m'en suis bien gardé. Point ne sert de s'éprendre et de courir l'entrefesson ! Les châtiments de l'enfer attendent le vampire amoureux.

– Je n'ai pas choisi, me défendis-je. Ça m'est tombé dessus à l'improviste.

– Pas de menteries. L'amour se prépare comme on apprête un bon plat. Mais tu connais mes vues sur le sujet. Je ne veux plus parler de ça.

Il a titillé son cigare du bout de la langue, puis :

– Revenons à nos moutons. L'internat renferme-t-il des sœurs jumelles ? demanda-t-il.

– Veena et Jyoty Bhadami, deux Indiennes.

– Des chipies ! grogna-t-il. Elles se sont jouées de moi comme d'un nigaud.

– Commence donc depuis le début, proposai-je en me concentrant sur les flammes.

– Je sais que tu m'as vu hier soir perché dans les ramures. J'ai manqué vous suivre, toi et Martin, quand vous avez enfilé la porte de l'école. Plus tard, tu es ressorti avec notre ami l'inspecteur alors que ses hommes battaient en vain les fourrés. J'ai quitté ma forme de chouette pour devenir brouillard au-dessus de l'étang.

– C'était toi, l'étang ? dis-je avec une pointe de déception dans la voix.

– Je me mouvais selon le rythme de vos pas, n'as-tu point remarqué ?

Moi qui croyais que c'était Martin ! Une idée que les allégations de Simon n'avaient pu m'ôter de la tête.

– Quand la côte fut claire, enchaîna Carcasse, je flottai jusqu'à l'entrée de la bâtisse. Je me transformai alors en serpent et je me glissai sous la porte. Sangdieu, que le sol était froid ! À l'intérieur, je me mis à ramper vers les escaliers…

– Tu es resté serpent ?

– La silhouette la plus commode pour ne pas attirer l'attention ! Des hommes patrouillaient à chaque étage. Je m'aventurai vers les escaliers et m'apprêtai à en gravir les degrés quand une tache claire dans le coin de mon œil me fit tourner la tête. Une petite fille musardait dans le couloir en nuisette longue. Intrigué, je rebroussai chemin. J'entrepris de la suivre, mais elle s'était évanouie. Je furetai un moment quand, au bout d'un autre corridor, je la revis passer sur ses petons silencieux. Je rampai aussi vite que possible mais elle disparut à nouveau. J'inspectai les lieux : rien. Je repris ma progression et, là encore, je distinguai la péronnelle vadrouillant le nez en l'air. Morbleu, Jeannot ! Trois heures durant nous avons joué à courette !

– Décris-la-moi.

– Une petite jolie comme tout, comme ciselée dans de la réglisse noire, une peau délicate tendue sur une armature de verre.

– Le tandem Bhadami, opinai-je. Pas de doute, elles t'ont bien fait marcher.

– Ah, les pestes !

– Qu'as-tu fait ensuite ?

– Finalement elles ont disparu pour de bon et j'ai pu monter ces sacrés escaliers.

– Est-ce que tu as vu les policiers à chaque palier ? Ils ne dormaient pas ?

– Non. Ils se tenaient près des issues. Ils n'ont pas pu voir mon manège ni celui des fillettes.

Je remis une bûche dans le feu dans lequel il jeta la crotte de son cigare en prononçant :

– Le pensionnat était dans un grand silence, mon Jean. Un policier ronflait par terre le menton sur sa poitrine. Son haleine empestait le phénobarbital. Dans ta chambre je trouvai ton collègue pareillement plongé dans de profonds limbes.

– Tu es resté serpent ?

– Oui. J'ai visité quelques chambres : les petites dormaient paisiblement. Pourtant, j'en aurais juré, la mort se nichait quelque part, je pouvais en renifler les effluves. Je me suis dirigé vers la chambre 21, m'y suis introduit, et là j'ai vu la petite qui gisait sur le lit. Encore une jolie fillette, taillée dans un marbre noble. Les battements du cœur faiblissaient.

– Quoi ? Kate vivait encore quand tu l'as vue ?

Il a soupiré :

– Ses toutes dernières secondes, je t'assure. Il n'y avait plus qu'une grande sérénité dans ses pensées, elle s'abandonnait, elle avait fini de lutter. Un sourire apaisé lui mangeait le visage.

– Elle saignait ?

– Plus tellement, quoique, quand je la retournai, elle flottât dans une mare de sang. Au reste, l'artère de sa cuisse avait été tranchée.

– Alors tu n'étais plus serpent ?

– Non, j'avais repris ma forme d'homme.

Une idée horrible naissait dans mon cerveau. Allons, Carcasse n'aurait pas pu ! Il n'avait pas besoin de ça. Pour quelles raisons aurait-il commis ce crime ? Bizarrement, il me fournit de lui-même le motif :

– J'ai regretté que tout ce sang, toute cette belle jouvence soit gâchée de la sorte. Je l'ai replacée sur le dos, l'ai regardée mourir. Elle avait les yeux grands ouverts mais elle ne me voyait pas. Elle s'en allait, calme et reposée, vers le grand trou noir. Je l'ai accompagnée jusqu'au bout.

– Tu lui as tenu la main ?

– Mon petit Jean, je n'ai pas pu m'en empêcher. Elle est partie comme rassasiée de l'existence.

J'avais envie de lui demander s'il s'était abreuvé à cette source offerte. Mais je n'osai pas.

– Après ça je ne suis pas resté longtemps. J'ai examiné la chambre et je n'ai trouvé aucune trace, aucune empreinte, aucun indice… seulement une note posée sur l'appui de fenêtre.

Je me redressai sur mon siège.

– Je l'ai détruite, n'aie crainte, me rassura-t-il.

– Qu'est-ce qu'elle disait ?

– À peu près la même chose que la première : « Monsieur Belmors n'est pour rien dans ce crime. »

– Était-ce la même écriture ?

– Les mêmes petites bulles sur les *i*, le même papier d'écolier, la même encre violette.

– Pourquoi s'efforce-t-on de m'innocenter, à ton avis ?

Il a étiré ses jambes sur la margelle de l'âtre.

– Je ne sais pas. Mais que je te finisse mon récit. Je suis ressorti de l'école sous la forme serpentaire et je me suis à nouveau perché en chouette dans cet érable qui domine le parc.

« Il restait deux heures de nuitée, quand les événements se précipitèrent. La porte s'ouvrit brutalement. Martin, hilare, sortit en courant suivi par une hargneuse cohorte de gens de police. Le magicien s'étala les quatre fers en l'air et aussitôt la meute lui tomba dessus, le garrotta. Ils lui passèrent les poucettes, discutèrent un moment sur la suite des opérations, tant et si bien que leur prisonnier se libéra et reprit sa trajectoire de fusée. La troupe, un instant ébaubie, se coléra, s'élança. Ils le remaîtrisèrent et cette fois le tinrent par les bras. L'anguille se dégagea, patouilla dans la mêlée, se carapata derechef.

« Un des policiers essaya un mouvement tournant, un deuxième glissa et se répandit dans l'herbe humide tandis qu'un troisième plaquait l'illusionniste au sol. Pas pour longtemps car Martin lui subtilisa son arme, la brandit dans tous les sens en s'esclaffant. Notre Roger-Bontemps fit virevolter la pétoire, la jeta en l'air, la fit tournoyer entre ses doigts, et des coups de feu partirent. C'est miracle qu'il n'ait atteint personne ou qu'il ne se soit pas blessé lui-même !

« Bien entendu, à la première semonce, les intrépides limiers s'aplatirent au sol. Pas notre Martin qui continua de gesticuler et qui voulut encore s'amuser à bourre-tampon avec ces messieurs. Pour cela il tapota la tête d'un des gars avec le canon du revolver. Le coup partit et une balle s'enfonça dans le sol, à dix centimètres du crâne de l'interpellé. Le dément s'intéressa alors à une taupinière. Sans plus de cérémonie, il s'assit par terre. Il se mit à compter les brins d'herbe. Personne n'eut le courage de s'approcher.

Carcasse riait de bon cœur. Il mimait le pauvre fou en train de faire des pâtés sur la pelouse du parc.

– Quand même il est arrivé un moment où Martin a laissé choir le pistolet, qui détona brutalement et toucha un des vaillants serviteurs de l'ordre. Celui-ci se mit à brailler des horreurs en se tenant la jambe. (Le langage de ces gens est abominable !) Martin, voulant réparer sa bévue, s'approcha du blessé. L'estropié poussa force cris et l'hommelet renonça à son initiative. Ahonti, l'ingénu partit de son pas dandinant vers le gymnase.

– Ensuite ?

– Ensuite gros branle-bas de combat. Ils ont fouillé l'école, ont découvert le corps de Kate Nilsen et Saint-Jacques est arrivé peu après. Le ciel a pâli et je suis parti.

Il pêcha un nouveau cigare d'une boîte en acajou.

– Quelle captivante nuit !

– Tu crois que Martin était dans l'école, qu'il a saigné cette fille ?

– Il était dans l'école, ça, j'en mettrais ma main au feu. Quant à savoir ce qu'il y fabriquait, je n'en ai aucune idée. Mais ça m'étonnerait qu'il ait touché à la petite. N'ai-je pas bien fait d'anéantir la note laissée près de la victime ?

– Si, si. Il faut que je parte travailler.

Je pris mon loden mouillé. La pluie embuait toujours le paysage

– Ça va être encore une sacrée pagaille à l'internat, maugréai-je avant de me jeter sous la bourrasque.

8

En chemin j'ai réfléchi aux paroles de Carcasse. Un malaise s'était emparé de moi plusieurs fois au cours de son récit. Pourquoi avait-il cessé de chercher Martin après que les petites Bhadami l'eurent nargué ? Pourquoi n'avait-il pas tenté de secourir Kate Nilsen lorsqu'elle agonisait ? Pourquoi n'était-il pas intervenu lors de l'échauffourée entre le magicien et la police ? Pourquoi encore s'était-il contenté de jouer le rôle de spectateur ? L'homme le plus actif que je connaisse avait-il changé son habitude de se mêler de tout ?

Oui, j'avais l'impression qu'il s'était efforcé d'omettre certaines parties de l'histoire. Cela me troublait car, la nuit où Lillian Cummings avait été assassinée et qu'on fêtait mon anniversaire, je n'avais pas pu le joindre au téléphone. Il m'avait affirmé s'être occupé du chien de son voisin. Avait-il dit la vérité ?

Carcasse n'avait jamais approuvé mon travail de « répétiteur », comme il l'appelait. Il aurait aimé que je l'aide dans son entreprise, que je parcoure les hôpitaux, les banques de sang, que je charge les camionnettes frigorifiques, que je falsifie les tampons, les documents, que je soudoie les médecins, les infirmiers.

Il se plaignait souvent de la paperasse, des tracasseries administratives qu'incombait sa charge. S'occuper des vampires représentait un travail gigantesque, il fallait les recenser, les loger, leur procurer une activité, les surveiller, les nourrir. Certains d'entre eux se portaient bénévoles, le secondaient dans les tâches simples. Cependant, comme ils ne restaient jamais très longtemps à Chicago – à peine le docteur Simon les déclarait-il guéris qu'ils pliaient bagage –, il fallait sans cesse réapprendre le boulot aux nouvelles recrues.

Est-ce que, voulant faire d'une pierre deux coups, Carcasse se nourrissait du sang des filles de Saint-Josaphat, tout en attirant l'attention sur ma personne afin que je quitte mon boulot ? L'hypothèse paraissait tirée par les cheveux, mais nul ne savait ce qu'il pensait ou ce dont il était capable.

***

Le lycée était entouré d'un cordon de voitures de police. J'admirais toujours cette manie américaine de croire que le nombre fait la force. Tous les cinq mètres le long du mur d'enceinte des hommes faisaient le pied de grue. À la grille on avait installé un triple barrage avec des détecteurs de métaux.

Dès que je donnai mon nom aux agents qui barraient l'entrée, l'un d'entre eux lança un ordre derrière lui :

– Faites venir Saint-Jacques !

Le nom de l'inspecteur sonnait toujours bizarre dans la bouche des anglophones, ils essayaient d'y imprimer un certain rythme, comme ils font avec tous les mots, mais n'y parvenaient jamais tout à fait. En résultait une sorte de bouillie informe qu'ils expulsaient en tirant la langue.

Je vis arriver l'inspecteur vêtu d'un blouson de cuir noir, avec la ferraille de ses clés, menottes et chaîne de portefeuille clinquant sur son jean. Il m'entraîna vers le parc.

– Je pense qu'il est inutile de vous dire qu'il y a eu une nouvelle victime, commença-t-il. Kate Nilsen a été trouvée ce matin dans les mêmes conditions que Lillian Cummings.

Je feignis la surprise.

– Elle n'était pourtant pas seule dans sa chambre qu'elle partageait avec, euh... Lawrence Rayford et... qui encore ?...

– Caretha Jesser. Là n'est pas la question, Kate gisait sur le lit de la chambre 21.

La pluie sous les grands arbres se transformait en rigoles d'eau qui ruisselaient sur nous en petits torrents. Saint-Jacques ne semblait pas incommodé.

– Écoutez, monsieur Belmors, je vais vous dire où nous en sommes, et vous pourrez me poser toutes les questions que vous voulez. Mais...

– Mais ?...

– Mais il faudra m'aider. J'ai besoin d'informations sur ces filles.

– Vous pensez que l'une d'elles est le meurtrier ?

– Vous savez, il faut beaucoup de nerf et d'expérience, voire du talent, pour ce genre d'entreprise. Non, je pense à autre chose.

Il releva le col de son blouson.

– Saviez-vous que les filles en pension cette année sont très... spéciales ?

Je ne répondis pas.

– Toutes sont ici parce que aucune autre école ne voulait d'elles. Saint-Josaphat est pour elles soit une punition, soit le dernier recours avant d'être éjectées du système scolaire. Le dossier de chacune de ces filles est truffé d'avertissements, de blâmes, de paraphes signés par le conseil de discipline. Les mots insolence, indiscipline, je-m'en-foutisme, effronterie reviennent le plus souvent. Aucune n'a touché à la délinquance, mais beaucoup ne sont pas passées loin.

Nous avons dévié vers le jardin d'hiver et nous avons pénétré sous les grandes voûtes de la serre. Il y régnait une touffeur moite, j'ai secoué les gouttes de mon loden.

– Mais, je vous l'ai dit, reprit-il, ce ne sont pas elles qui m'inquiètent. En revanche leurs parents ont déjà eu affaire avec la justice. Et ceci expliquerait peut-être cela. June Robinson par exemple, celle qui est insomniaque et se balade la nuit dans l'internat, eh bien son père, Donovan Jr Hall, a été arrêté plusieurs fois pour coups et blessures. Il battait sa femme, la laissait exsangue sur le carreau et partait se saouler dans les bars. On n'a jamais pu déterminer s'il rossait aussi sa fille.

« Juliet Nash, idem. Son père a été enfermé en hôpital psychiatrique parce qu'il "rêvait" qu'il violait sa fille. Malheureusement ce n'était pas un rêve.

– Et Lillian ? Et Kate ?

– Pour Lillian nous avons dû faire une enquête avant de découvrir que sa mère, Gloria Cummings, sous la façade d'un veuvage tranquille, était atteinte d'incurie. Cette terrible maladie fait qu'on ne jette rien, ni les prospectus, ni les emballages, ni même ses excréments. Le service sanitaire d'Atlanta a passé deux semaines à vider la maison. Gloria Cummings est en ce moment dans les mains de la médecine.

«Quant à Kate, son père est un paisible camionneur qui cache une âme de pyromane. Il est soupçonné d'avoir déclenché au mois une demi-douzaine d'incendies. La mère Nilsen, férue de sorcellerie, jette des sorts en piquant des poupées de cire avec des épingles.

Le fracas des gouttes a augmenté sur la verrière de la serre.

– Pourtant ces gens-là, s'ils n'ont pas su pourvoir un milieu sain à leurs enfants, sont malgré tout inoffensifs. Ils sont tous aisés, assez équilibrés pour assumer une vie sociale et conserver un travail. Ils n'ont pas le profil de tueurs.

Nous tournâmes autour d'un tronc de palmier plein d'écailles, il reprit en se pinçant la lèvre :

– Ce qui n'est pas le cas, malheureusement, de Victor Lewis, dit Victor sans Pitié, un assassin dangereux qui a engendré Stacy dont vous avez la garde. Victor compte parmi les plus grands meurtriers de ce pays. Je ne vous le cite pas sans raison : il est méthodique, il a de l'expérience, il est déterminé et prudent. Il serait fort capable d'accomplir les meurtres du dortoir.

– Pourquoi s'en prendrait-il à mes pensionnaires ?

– Ici je dois me référer à son profil psychologique. Ce tueur répond à plusieurs critères bien spécifiques. D'abord il est rancunier. Ensuite il n'attaque jamais ses proies directement mais tue des gens dans leur entourage avant de s'en prendre à la cible qu'il vise. D'autre part, c'est un détraqué sexuel qui choisit de préférence des femmes sans défense, des proies faciles. Enfin, il est un adepte de la mort lente, il aime faire souffrir ses victimes, il ne travaille qu'avec des instruments tranchants.

La végétation assourdissait le bruit de la pluie et rendait ses paroles plus solennelles.

– En ce moment, précisa-t-il, Victor Lewis est en liberté, échappé de prison. Supposons que sa fille sache où il se trouve et qu'elle menace de le livrer à la justice…

Il laissa sa phrase en suspens.

– Un tueur en série parmi les parents d'élèves, remarquai-je, décidément elles n'ont pas de chance.

– Je vous avais dit que le millésime de cette année était spécial. Le lycée de Saint-Josaphat est peu regardant sur le pedigree de ses pupilles, du moment que leur séjour soit payé.

– Mais elles sont adorables, protestai-je. C'est l'un des dortoirs les plus tranquilles de ma carrière.

– Ah oui ? Écoutez, je voudrais que vous les fassiez parler, que vous forciez leurs confidences, que vous me disiez ce qu'elles ont dans le crâne.

– Alors vous devez rappeler vos sbires, déclarai-je. Car elles ne se livrent déjà pas facilement, mais si, en plus, elles doivent traverser un contrôle de police chaque fois qu'elles veulent venir me parler dans ma chambre…

– Pourquoi dans votre chambre ?

Je le regardai en souriant.

– Nous ne violons jamais leur domaine, monsieur Saint-Jacques, rappelez-vous. Et je n'irais pas transgresser cette règle si je cherchais à obtenir leur faveur.

– D'accord, soupira-t-il. Je ferai le nécessaire. Autre chose, Victor Lewis a été aperçu à Chicago il y a moins d'un mois. Depuis, nous sommes presque certains qu'il se terre dans la région.

J'allai à la pêche :

– Parlez-moi de Sandrine Rousseau.

– Vous avez une piste ?

Je voulais surtout en savoir plus sur Sharon.

– Non, mais je parle de temps en temps avec elle, en français d'ailleurs. Elle est québécoise, non ?

– Montréalaise. Sandrine Rousseau a un père qui organise des combats de coqs à ses heures perdues. D'une nature violente, Germain Rousseau est célèbre pour régler ses différends avec les parieurs à coups de couteau. Sa femme ne sort jamais de la maison car il est d'une effroyable jalousie. Les services de police canadiens le connaissent bien.

– Et Juliet Nash ?

– Le père de Juliet est mort quand elle avait trois ans et demi. Sa mère ne s'en est pas remise et elle est partie en abandonnant ses deux enfants, Josh et Juliet. Depuis ce sont les grands-parents qui les élèvent, responsabilité qu'ils endossent avec négligence.

– Les jumelles Bhadami ?

– Des enfants déchirées entre deux cultures. Leurs parents les ont élevées à la manière indienne traditionnelle, qui ne concorde pas avec celle de l'Amérique moderne. Le pensionnat est pour les jumelles une porte vers la liberté. Elles ont fait toutes les bêtises imaginables sous prétexte d'affirmer leur indépendance.

– Sharon Wyllis ?

– La petite Sharon est un cas particulier. Nous ne savons pas d'où elle vient car elle a été adoptée à l'âge de cinq ans et que l'organisme d'adoption s'entête à nous cacher son dossier. Par contre sa famille adoptive s'accorde à dire que Sharon est une fille impossible. Depuis le début de sa scolarité elle a utilisé son intelligence, remarquable d'ailleurs, pour faire enrager ses professeurs et son entourage.

Je touchai un bouton planté sur le lobe de mon oreille.

– C'est tout ? demanda-t-il.

– Pas tout à fait, il reste le plus important : Martin.

– À en juger par les antécédents du bonhomme, je parierais qu'il n'est pour rien dans ces assassinats. Il fonctionne d'une manière trop confuse, trop désordonnée.

– D'accord, mais que vient-il faire dans le tableau ? Et comment réussit-il à se cacher dans l'école quand vos hommes veillent ?

– J'ai ma petite idée sur ces deux points. Je vous les communiquerai en temps utile. Bon, alors vous leur tirerez les vers du nez.

– Pourquoi devrais-je vous aider, monsieur Saint-Jacques ?

Il a bifurqué vers la sortie.

– Parce que vous n'avez pas le choix. D'abord je ne vous ai pas retiré de la liste des suspects possibles, ensuite je suis certain que si vous ne trempez pas dans cette affaire-là, vous êtes mêlé à celle qui concerne Rolland Vyrn, qu'on recherche encore.

Rolland-le-vampire ! Encore lui ! Saint-Jacques n'oubliait rien, à ce que je voyais.

– Les pistes concernant ce meurtre (car je suis bien certain que Rolland a été assassiné) ne sont pas nombreuses, reprit-il. Mais elles aboutiront, soyez-en sûr.

De la même façon qu'il était devenu menaçant, son ton se radoucit brusquement :

– J'imagine que cela ne vous touche pas beaucoup, aussi je vais vous dire la vraie raison pour laquelle vous allez me donner un coup de main auprès de ces filles.

Nous nous trouvions sur le seuil de la verrière, prêt à plonger dans le décor ruisselant. Il a fait un pas sous l'averse avant de se retourner :

– Vous prenez votre travail à cœur, monsieur Belmors. Je suis convaincu que vous vous sentez le protecteur de ces demoiselles. Que vous soyez impliqué ou non dans cette série de crimes ne change rien : vous tenez autant que moi à ce qu'ils cessent.

Je n'ai rien répondu. J'ai marché jusqu'à l'internat en courbant les épaules.

***

– Tu as un copain, Sharon ?

La Miss Wyllis avait croisé les jambes en position du lotus sur la chaise en bois. J'attendais sa réponse assis sur mon lit.

– Fichtre, non! s'est-elle exclamée. Qu'est-ce que j'en ferais?

Elle a posé son coude sur son genou et le menton dans sa main.

– Les garçons c'est comme les cacahuètes, c'est nourrissant mais ça ne fait pas un repas. J'ai d'autres problèmes en tête que les boutonneux de ma classe.

– D'abord ils ne sont pas tous boutonneux...

– Hein?!!

– Ensuite je pensais que toutes les filles couraient après les garçons, qu'elles ne pouvaient pas résister aux joueurs de football, par exemple.

– Pour ça tu ne t'es pas trompé. Les gros muscles et les regards vides, ça les affole!... Pas moi, heureusement!

– Et pourquoi pas?

Une lueur de contrariété brilla dans son regard.

– Parce que ces porcs utilisent les filles comme des Kleenex, aussitôt leur petite envie torchée : du vent! Tous les hommes sont comme ça...

Elle m'a jeté un coup d'œil par en dessous.

– Enfin, presque...

– Eh bien, justement, renchéris-je. Pourquoi ne pas t'acoquiner avec un des derniers gentilshommes de cet établissement?

– Parce que, au fond, je suis plutôt timide...

– Tu ne penses jamais aux garçons? Tu n'en parles jamais avec tes camarades? Avec tes copines de chambrée, par exemple?

Je ne m'attendais pas à sa réaction. Elle a montré un visage bouclé à double tour et des larmes ont coulé sur ses joues.

– Qu'est-ce qu'il t'arrive ? demandai-je.

Elle n'a pas répondu. Elle a caché sa figure avec ses cheveux en remuant la tête.

– Écoute, je ne voulais pas…

Elle s'est levée, les mains nouées devant elle. J'aurais bien voulu la prendre dans mes bras, qu'elle épanche son chagrin, qu'elle le partage un peu. Mais les règles de l'internat étaient strictes sur ce point.

– Si tu veux t'en aller… soupirai-je.

Elle ouvrit la porte et disparut.

« Bravo ! me suis-je félicité mentalement. Ça ne fait pas deux jours que Saint-Jacques te charge d'une mission et tu bousilles la seule relation intime que tu entretiens avec une de ces filles. »

Je ne comprenais pas quel sensible nerf j'avais pincé chez Sharon. Je lui avais simplement demandé si elle parlait des garçons avec ses copines. Pas de quoi en faire un drame. Mais je n'étais pas dans leur tête.

9

Je pensais avoir compris les femmes, à tout le moins avoir percé une brèche dans le mur, et voilà que Sharon pleurait sans raison, que Veronica McLellan (j'aime écrire son nom) devenait insaisissable. Évidemment, cette perplexité ne m'aidait pas à comprendre ce qui se passait dans la tête de mes pensionnaires. Chaque soir, dorénavant, j'appelais une nouvelle gamine dans mes quartiers et je l'invitais à parler d'elle. Oh, ce ne furent pas les juteuses révélations qu'escomptait Saint-Jacques. Les filles ne m'en disaient pas beaucoup. Parmi un fatras de lieux communs et de remarques timides, je décelais une vraie candeur, une extrême naïveté chez ces êtres en devenir.

J'avais essayé d'orienter nos conversations vers le sexe (je n'allais pas trop loin quand même). Elles affichaient des mines surprises et répondaient avec un aplomb merveilleux qu'« elles étaient encore un peu jeunes pour penser aux garçons ». À mesure que le temps passait, je comprenais qu'elles n'étaient que de petites ados comme les autres dont l'existence se résumait à trois microcosmes : l'école, les parents et le reste du monde.

Stacy Lewis, malgré son cinglé de père, n'était pas différentes des autres. Je l'avais convoquée, elle aussi. Elle avait répondu à mes questions sans ciller. Elle n'avait pas parlé de son père, qu'elle avait peu connu. En revanche elle me raconta ses grands-parents, l'environnement calme et reposant qu'elle espérait retrouver pour Thanksgiving. Des informations banales en somme, des informations que Saint-Jaques trouvaient insipides. Le flic avait espéré de l'or et je lui offrais du plomb. Il ne me cachait pas sa déception.

En définitive, seule Sharon était intéressante, mais, elle, je voulais la protéger. Je m'abstenais de parler de son cas avec l'inspecteur. Et puis Sharon était fâchée. Elle ne venait plus me voir. Je la croisais parfois dans les couloirs. Elle ne me disait pas un mot. Elle boudait.

J'aurais pourtant eu bien besoin de ses lumières. Sans elle je ne me sentais pas capable de conquérir

Veronica McLellan. De lancinantes questions peuplaient mes méditations : comment revoir Veronica ? Comment forcer sa porte ? Comment l'aborder à nouveau, la persuader de me revoir ? Sharon connaissait la réponse à ces interrogations. Mais elle détournait les yeux quand je la regardais.

Je dus donc me débrouiller tout seul et imaginer par moi-même un moyen de passer un moment avec Veronica. Je balançai longtemps entre plusieurs solutions (cambrioler son domicile à la nuit tombée. Ou bien lui donner un mystérieux rendez-vous. Ou lui envoyer une cassette vidéo dans laquelle je lui expliquerais mes sentiments), mais aucun plan ne me paraissait vraiment efficace. En fait, j'étais désespéré. Je commençais à me dire que Veronica resterait à jamais un rêve inaccessible.

En fin de compte ce fut Simon, l'un des rares avec qui j'avais partagé mes tourments, qui me vint en aide :

– Utilise ton pouvoir et suis-la pendant une journée, me dit-il, je ne vois pas d'autre issue à ton problème.

Il parlait de ma faculté de me changer en brouillard, bien sûr. J'y avais souvent réfléchi, mais je me souvenais de la torture que m'infligeait cette épreuve : la faim incroyable qui me tordait les tripes, la faiblesse qui s'emparait de moi quand je reprenais forme humaine. J'hésitais à endurer de nouveau ce genre de sévices.

– Je serai là, me rassurait-il. Je t'attendrai avec une perfusion. Dès que tu te réveilleras, j'aurai branché un sac du meilleur millésime, une outre de rouge revigorant.

Même si j'avais confiance en sa médecine, la décision était dure à prendre. Quand je me changeais en brouillard, je pouvais certes résister à la lumière du soleil, mais je ne contrôlais presque plus les atomes de mon corps. Or cette sensation me procurait toujours un malaise insupportable. De plus, mais cela je ne le dis à personne, j'avais peur de découvrir dans la vie de Veronica un copain perdu dans les Appalaches auquel elle téléphonerait tous les jours. Mon indiscrétion pouvait se retourner contre moi. D'un autre côté, Simon avait raison, je n'avais pas tant d'options.

Simon insista, il me promit qu'il prendrait soin de moi pendant la convalescence et je me retrouvai par un froid matin d'octobre à attendre devant la porte de Veronica McLellan.

Je l'attendais sans craindre les premiers rayons du soleil car j'étais une aura immatérielle flottant sur le trottoir. Je pouvais à peine voir et à peine entendre. À peine réfléchir aussi. Et j'avais la nausée.

Le soleil apparut, Veronica ouvrit sa porte, elle sortit le gros husky dans le jardin. Je ne savais pas si je pourrais « coller » à sa personnalité, il y a des gens imperméables aux phénomènes mystiques.

Elle marcha vers le nord. Je me postai au bout de sa propriété, espérant qu'elle me transperce.

Elle dérangea l'agencement de mon nuage, elle m'emmena avec elle. Ouf ! Veronica croyait en l'irrationnel.

Notre premier contact fut chaud et tendre, comme si nous nous reconnaissions. Ensuite je détectai un peu de mélancolie, puis de la tristesse et enfin un franc désespoir chez ma partenaire. J'en fus intrigué mais comptai sur les événements de la journée pour m'éclairer sur ce mystère.

Je l'accompagnai dans le métro. Je vis le paysage déprimant des matins d'hiver par les fenêtres du wagon. Elle débarqua à la station Washington-Randolph, elle descendit des escaliers de fer.

Parce que j'étais en harmonie avec ses émotions, je sentis une grande fatigue l'envahir quand elle traversa la rue State et qu'elle regarda le haut building rouge où elle travaillait.

« Manifestement, Veronica en a soupé de son train-train », pensai-je.

Nous avons gravi les étages dans un zonzonnement de cordes étirées, puis l'ascenseur s'est immobilisé.

– Bonjour, Miss McLellan, dit la réceptionniste.

– Bonjour, Miss McLellan, dit une collègue.

– Bonjour, Miss McLellan, lança un commis chargé de paquets.

– Bonjour, répondit-elle en avançant vers son bureau.

La détresse s'empara d'elle quand elle s'installa dans son fauteuil et qu'elle répondit au premier coup de téléphone.

– Allô, oui ! Ah, c'est vous, Virginia ! Quand nous envoyez-vous les mannequins ? Après-demain ?... Mais mon patron les veut dans vingt-quatre heures !... Oui, c'est ça. Arrangez-vous...

Elle garda le combiné à la main, composa un numéro.

– Cecilia, annonça-t-elle, veuillez joindre l'agence Tip Top, il nous faut deux filles pour la publicité de Laure Den. Offrez-leur la Lune, oui...

Qu'elles viennent !... Dites-leur que Vincent Blum les photographiera.

Elle passa ses doigts dans ses cheveux (ses somptueux cheveux rouges) et ouvrit un calendrier.

– Allan ! maugréa-t-elle. Où es-tu, Allan ? Je t'en supplie, ce n'est pas le moment !

Les feuilles du répertoire crissaient rageusement.

– Là, Allan !

Elle décrocha le téléphone :

– Allô, oui, l'agence American Mode ? Allan Walter ?... À Chicago ?... Non, non, c'est parfait. Merci, mademoiselle !...

Et ainsi de suite, coup de fil après coup de fil.

Je sentais toujours le même épuisement, chez elle, un ton las et fourbu dans les affaires qu'il fallait suivre ou classer.

Bien sûr, je guettais le potentiel dragueur, le mannequin beau comme un dieu qui la ferait gazouiller de joie. Mais elle traitait ses modèles comme un boucher traite ses quartiers de bœuf, avec le même ton professionnel et indifférent.

La matinée passa. Son patron vint la voir. Un beau quadragénaire aux cheveux d'argent et aux yeux de cristal bleu. Je fus un instant alarmé par la prestance du personnage quoiqu'il ne s'approchât pas d'elle, qu'il se contentât de lui poser des questions sur un ton amical. Un peu avant midi une collègue lui demanda de l'attendre pour déjeuner. Veronica promit et, plus tard, les deux femmes allèrent dans une sorte de brasserie aux murs tapissés de miroirs et de trophées de base-ball.

La collègue, Carol North, une généreuse brune

aux joues pommelées, commença par dire qu'elle ne prendrait qu'une salade, puis, comme les serveurs passaient avec des plats de viande fumants, elle ouvrit le menu et choisit une soupe au poulet. Pendant qu'elle y était, puisque le froid obligeait à consommer des nourritures consistantes, elle s'accorda aussi un sandwich aux crevettes. Elle se ravisa aussitôt en découvrant la côte de bœuf braisée, puis changea encore de cap avec le tournedos sauce blanche. Bref, quand le garçon s'amena, elle commanda une orgie.

Veronica riait :

– Carol, et ta ligne ? demanda-t-elle. Et Greg ?

– Oh lui, il ne me regarde pas. J'ai l'impression qu'il est de moins en moins amoureux. Je me demande si moi-même je le suis encore.

– Moi, c'est le contraire ! soupira Veronica.

Le serveur apporta un plateau de calamars frits que Carol attaqua vaillamment.

– Alors ça y est ? dit-elle en s'enfilant un tentacule. Tu as trouvé quelqu'un ? Comment il s'appelle ?

Veronica pencha la tête.

– Voilà le plus bizarre, je ne sais pas son nom.

– Un bel inconnu croisé dans le métro ?...

– Non, non. Personne.

– Comment ça ? s'étonna la boulotte Carol en mâchouillant la chair gommeuse de sa bestiole.

Veronica rêva les yeux ouverts :

– Je ne saurais pas l'expliquer. Je me sens tomber amoureuse mais je ne sais pas de qui.

– Et ça t'a pris quand ?

– Depuis ce matin.

– Eh ben c'est qu'un coup de blues, déclara la brune collègue en tétant une lamelle de mollusque.

– Pas du tout. Au contraire, je flotte dans un état proche de la béatitude.

Le serveur débarrassa les restes du calamar, les remplaça par un demi-poulet aux œufs pochés. Carol, qui n'avait pas lâché les couverts, se mit à brutaliser le volatile.

– La béatitude, hein? articula-t-elle entre deux mastications. Tu m'as l'air bien embarquée.

– Oui, tu as peut-être raison. Demain ce sera sûrement fini. En attendant je me sens toute chose.

Carol engouffra le poulet, puis les frites, puis une part de moka et, consternée, grignota encore un bout de pain pour finir son vin.

– Demain j'aurai pris quatre livres, se désola-t-elle en tenant son ventre d'une main et sa cigarette de l'autre.

L'après-midi Veronica descendit au studio de photographie. Là, dans un faux décor de café parisien, elle accueillit deux grandes et superbes filles à qui elle montra des tenues de serveuse. Le photographe, un brun au visage anguleux et savamment mal rasé, réglait ses appareils en jetant des coups d'œil vers ma rousse.

– Veronica, appela-t-il. Mets-toi dans la lumière.

– Todd, je n'ai pas le temps!

– Juste une seconde.

De mauvaise grâce, elle se figea sous un projecteur.

– Pas comme ça! protesta-t-il. Donne-moi un peu quelque chose.

Elle tourna la tête de trois quarts, elle tenta de sourire.

– Souris avec les yeux, dit-il. Voi-là !

Il appuya sur le bouton. L'appareil prit une dizaine de clichés d'affilée.

– Tu rayonnes aujourd'hui, la complimenta-t-il.

Elle haussa les épaules, flattée.

– Bien dommage que je sois marié, ajouta-t-il galamment.

Quand la séance marcha à son rythme de croisière, Veronica remonta à son bureau. Au passage elle alla voir Carol qui jurait qu'elle finirait à l'asile avant la fin de la journée. Presque engloutie derrière une montagne de photos, la petite brune pointait des noms et des adresses sur un calepin.

– Tu devrais mettre un peu d'ordre chez toi, la taquina Veronica.

– Et toi, toujours sur ton nuage ?

– Plus que jamais. Même Todd l'a remarqué. Il a pris des photos de moi.

– Avec ton air de merlan frit ?

– Il paraît que je « rayonne ».

– Tu devrais sortir ce soir, et exposer ton rayonnement.

Veronica regarda le soleil qui tombait derrière les vitres. Elle partit sans répondre.

Je me souvenais des réactions de Cécile quand je l'avais suivie de la sorte. À l'époque, en février 1871, Paris était encombré de charrettes et de robes à crinoline et se préparait à vivre la Commune. Cécile, escortée par mon brouillard, s'était enfoncée dans le quartier Latin où des étudiants aux yeux de loup la dévisageaient avec gourmandise. Sa patronne, une plantureuse blanchisseuse, s'était exclamée :

– Ma Cécile, tu resplendis !

– Je ne sais pas, madame Prérouge. Mais je me sens légère aujourd'hui, avait-elle répondu.

Ce temps me paraissait loin où j'avais séduit Cécile Lejean sur la butte Montmartre, en 1871, année redoutable entre toute. L'idylle que nous entretenions, Cécile et moi, ne devait pas durer. Je n'aimais pas me souvenir de son corps inerte, du bruit des bottes sur le pavé ensanglanté, de son regard mort sous la lumière des réverbères. Moi-même, transpercé par les balles, je souffrais en serrant les dents. J'apprenais l'insupportable solitude de l'immortalité.

Je n'aimais pas non plus me remémorer le moment où, le cœur détruit, j'avais bouclé mes valises pour le nouveau monde. J'avais presque cent cinquante ans alors, et je voulais revenir là où j'étais né.

En 1721, année de ma naissance, ma mère, une Indienne Padouca, m'avait confié aux Belmors de Fort-de-Chartres. Fort-de-Chartres était alors une petite communauté française vivant sur les rives du Mississippi. Ma mère indienne avait apporté son bébé à l'église et avait refusé de dévoiler le nom de son amant au chanoine qui l'accueillit. Mon père naturel était sûrement blanc à en juger par mon métissage et cela poussa le prêtre à accepter que cette femme lui abandonnât l'enfant. L'ecclésiastique se mit en quête d'une famille d'adoption. Il trouva les Belmors, qui ne pouvaient pas avoir d'enfants. Ils décidèrent de s'occuper de moi. Les Belmors étaient boulangers, des gens simples et accueillants qui m'élevèrent comme leur fils.

Quand Carcasse avait traversé le fort, trente ans plus tard, mes parents adoptifs venaient de mourir d'une épidémie de grippe. J'agonisais moi-même dans les fièvres quand le vampire m'avait sauvé la vie. Il avait sucé mon sang, enlevé le virus de la maladie et implanté le germe de l'éternité. Une autre partie de mon existence commençait.

Carcasse venait d'Europe, la vieille Europe, qu'il critiquait ou encensait avec la même fougue. Il essayait de vivre sa condition de déraciné. Il me prit sous sa protection et m'emmena en France «pour me faire connaître mon autre identité». Pendant le voyage il s'amusa à exciter puis à décourager ma curiosité. Arrivés en Europe, nous y séjournâmes longtemps. Nous vécûmes les brûlantes heures de la Révolution, puis celle de la Terreur, l'avènement de Napoléon, la conquête de l'Europe : du sang, du sang, du sang.

Carcasse était parti en 1846, un peu avant la présidence de Louis Napoléon Bonaparte. Les grands fleuves et les espaces nus lui manquaient. Il avait donc pris le steamer pour revoir La Nouvelle-Orléans.

Moi, j'étais resté en France encore quelques années. Je vécus à Paris une existence relativement simple jusqu'à ce que Thiers endigue la Commune dans le sang et que Cécile soit assassinée par la police. En juin 1871, désespéré, je pris le bateau vers le Nouveau Monde. Je comptais vaguement sur Carcasse pour me faire oublier les barricades.

Le souvenir de Cécile me poursuivit jusqu'en Louisiane, où je retrouvai Carcasse avec un nouvel ami : Simon Renard. Tous les trois nous avons acheté un canoë et nous avons remonté le Mississippi parce que nous préférions l'aventure aux confortables lignes de train pour rejoindre le lac Michigan. La violence et la difficulté de cette entreprise m'empêchèrent de penser à rien d'autre qu'aux rapides et aux portages. Pourtant, en arrivant à Chicago, j'ai posé ma pagaie et je me suis mis à pleurer sans pouvoir m'arrêter. Alors Carcasse et Simon me firent boire, puis me couchèrent, complètement ivre, dans une auberge irlandaise. Au soir, je me réveillai avec l'esprit plus clair.

Sur les conseils de Simon, grand séducteur devant l'Éternel, je vécus alors une vie débridée. Je pris femme après femme, putain ou jeune fille, cela n'avait pas d'importance. Mes premières semaines à Chicago furent une épouvantable débauche. Un jour, pourtant, je rencontrai une émigrante fraîchement débarquée du train.

Elle s'appelait Anna Gadomski, avait transporté son foulard crème et ses sandalettes en cuir depuis la lointaine Pologne. Nous allâmes faire des balades au bord du lac et je la couvris de baisers : j'avais tellement envie de sortir de la grisaille, des nuits d'errance et de chagrin. Mais j'aurais dû consulter le calendrier et voir que l'année 1871 n'était pas encore finie, qu'elle me réservait encore bien des surprises. Le 8 octobre au soir, un grand incendie éclata à Chicago. Je courus vers la pension où Anna louait une chambre. Quand j'arrivai ce n'était plus qu'une immense flamme qui montait vers le ciel. Les pompiers n'osaient pas s'approcher.

Anna Gadomski mourut brûlée vive et je me crus maudit. Depuis, je cultivais ma timidité comme un prisonnier caresse le rat de son cachot.

La fin de l'histoire c'est qu'au tournant du XXe siècle, un mal de vivre inexplicable s'était emparé de moi. Je pensais que cela venait de l'exil et j'étais parti de nouveau en France. Cependant, la première boucherie mondiale approchait. Je m'enfuis avant le carnage. Ensuite j'avais fait la navette assez régulièrement entre l'Amérique et l'Europe. En 1964, j'avais même décidé de m'installer pour de bon au Croisic, un petit port de pêche sur les côtes bretonnes. Plus tard, quand le flot des touristes se fit chaque année plus dense, que le littoral se transforma en un gigantesque Lunapark, je traversai à nouveau l'Atlantique. Dans l'avion, je me jurai que ce serait mon dernier voyage.

La vérité c'est que je n'étais bien nulle part et que mon malaise empirait. La vérité c'est que j'étais resté célibataire depuis trop longtemps, que mon esprit s'était desséché et que les choses ne provoquaient plus chez moi qu'un haussement d'épaules. La vérité c'est que Veronica McLellan arrivait peut-être trop tard.

Veronica quitta son bureau vers six heures.

Lorsqu'elle arriva devant sa maison, la nuit tombait. Je me détachai d'elle avant qu'elle n'ouvre la grille. Je savais que dès que je la quitterais elle serait en proie à la déprime. Le husky gronda en frémissant de la truffe et elle le calma d'une caresse.

Elle regarda la rue vide, désemparée tout à coup. Elle s'enferma chez elle avec les larmes aux yeux.

« Pardon », pensai-je.

Je me laissai dériver jusqu'à l'allée où je repris forme humaine en attendant Simon. Il arriva dans sa vieille Cobra dix minutes après que la nuit se fut installée. Il me trouva nu près d'une poubelle, si faible que j'étais incapable de faire un mouvement. Il me porta jusqu'à la voiture, me brancha immédiatement la perfusion. À tombeau ouvert, il m'emmena dans son cabinet. Quand il m'eut injecté un troisième sac de sang, je rouvris les yeux. Carcasse était là. Il tenait mon visage dans la pince de ses doigts.

– Ça valait la peine ? me demanda-t-il.

– Oui, répondis-je dans un souffle. Elle est célibataire... comme Cécile... comme Anna.

Carcasse échangea un regard accablé avec Simon et me lâcha la figure. Une seconde plus tard, il claquait la porte, si fort que les murs tremblèrent.

– Appelle Saint-Josaphat, murmurai-je à Simon. Dis-leur que je ne pourrai pas travailler ce soir.

– Jean, tu ne devrais pas t'emballer pour Veronica. J'ai appris la raison pour laquelle elle possède des habitudes de sommeil aussi étrange.

Il s'est assis sur un haut tabouret. Il a tripoté une feuille de papier entre ses doigts.

– Le docteur Aldeen m'a donné ceci, ce sont les résultats de ses derniers tests. Elle va de plus en plus mal. Sa glande thyroïde ne fonctionne pas normalement.

Il a posé la feuille sur mon ventre en soupirant :

– Elle n'en a plus pour longtemps, mon petit Jean.

Une pause encore, puis :

– Deux ou trois semaines au maximum…

Il a essayé en vain de rajuster un pan de sa blouse.

– Et la transformer en vampire ne changerait rien. Son organisme n'y résisterait pas.

10

Chaîne numéro 5 : *Le gouverneur du Texas devra donc aller à l'encontre des convictions du révérend Fortman s'il veut envoyer Marsha Robert à la mort. Le révérend a déclaré que, malgré ses crimes, la détenue est repentante et a livré son âme à Dieu dans une confession bouleversante. Il faut aussi signaler que si plus de cinquante hommes ont été exécutés lors de ces quinze dernières années, par contre aucune femme n'a connu la peine capitale. S'agirait-il de sexisme* * ?

Chaîne numéro 7 : *Le président Clinton a essayé cet après-midi de provoquer une rencontre entre son chat et son chien. CNN a envoyé un conseiller sur le comportement animal pour aider le premier homme du monde dans ses efforts de réconciliation* *.

Chaîne numéro 9 : *Aujourd'hui les éboueurs de Chicago ont nettoyé la rue de Wacker Drive des matelas, couvertures et autres hardes appartenant aux clochards qui ont pris l'habitude de coucher à cet endroit protégé de la pluie. La ville a, je cite,*

* Nouvelles authentiques et récentes.

« averti depuis longtemps les sans-abri qu'ils devaient déguerpir. *

Chaîne numéro 11 : *Si les Iraquiens détiennent des armes biologiques, il est de notre devoir de les empêcher de s'en servir. Nous savons que les États-Unis sont leur cible principale et qu'ils n'hésiteront pas à faire feu les premiers. Il ne faut donc plus traîner pour envoyer l'armée et neutraliser leur volonté de combattre.* *

Chaîne 20 : *Oklahoma City a déclaré que le film allemand* Le tambour *serait retiré des magasins de vidéo. La police est allée ce matin demander la copie de ce film à tous ceux qui l'avait achetée ou louée. Le porte-parole de la ville d'Oklahoma City a déclaré qu'il ne laisserait pas les populations visionner de la pornographie impliquant des enfants.* *

Chaîne 32, enfin : ... *s'est refusé à tout commentaire. Le maire a proposé que les filles de Saint-Josaphat soient temporairement relogées dans un lieu plus sûr. La ville a même aménagé une section de la prison de High-Grove pour recevoir les pensionnaires. « Quoi de plus sûr qu'une prison ! »" a plaisanté le porte-parole de la mairie. Seulement, cette action risque d'échouer si le principal de Saint-Josaphat, monsieur Scott Geller, continue de s'opposer au projet. Aujourd'hui une délégation de parents d'élèves a manifesté devant le lycée et a réclamé le renvoi du principal.*

– Madame, vous êtes là depuis deux heures de l'après-midi...

– Nous voulons faire savoir au directeur que s'il n'est pas capable de s'occuper de ses pupilles,

qu'il laisse quelqu'un de plus compétent prendre la responsabilité de nos enfants.

– Êtes-vous une parente d'une de ces jeunes filles ?

– Non, mais j'ai des enfants. Je sais de quoi je parle.

Jusqu'à présent cinq filles et deux garçons ont été retirés de l'internat par leur famille. Il s'agit de Lawrence Rayford, Samantha Lynn, Mary Dalton, Kathleen Piven, Stacy Lewis pour les filles et de Jouri Federlick et Greg Mauck pour les garçons.

Denis Gilmore, un des surveillants du dortoir, a déclaré que la séparation fut pénible pour les pensionnaires, celles qui s'en allaient aussi bien que celles qui restaient.

La grosse gueule de Denis remplit l'écran.

– Elles ont toutes chialé comme des veaux, déclama-t-il, *c'était à vous briser le cœur.*

Un des policiers a bien voulu nous dire que l'enquête s'orientait de plus en plus vers Victor Lewis, père de la petite Stacy, un tueur en série sanguinaire dont nous vous proposerons le portrait dans une édition spéciale après ce journal. La petite Stacy sera placée sous la protection des autorités ainsi que Martha Lewis et Gregory Lewis, ses grands-parents.

L'inspecteur Saint-Jacques a promis que l'affaire serait réglée dans moins d'une semaine. En attendant c'est le pied de guerre, ici à Saint-Josaphat.

Pendant deux jours, trop affaibli pour me déplacer, je me tins au courant par l'intermédiaire de la télévision. Simon m'avait prêté sa chambre. Il passait prendre de mes nouvelles régulièrement.

Carcasse, dont la colère était tombée, m'avait téléphoné. Il avait un cadeau pour moi, m'avait-il dit. Un cadeau qui résolverait tous mes problèmes. Mais je devais patienter avant d'en jouir. Plus grande serait l'attente, meilleure la surprise.

Ensuite le vieux vampire avait essayé de prendre un ton enjoué pour m'expliquer qu'il avait rencontré Saint-Jacques à la Washington Library et qu'ils avaient «papoté» comme des amis dans la section architecture de la bibliothèque. Saint-Jacques lui avait confié que sa mère venait de Nantes, cette dernière lui avait enseigné le français.

– Je gagerais, précisa le vampire, que, comme moi, il désirait mettre la main sur le plan du calamiteux lycée. Malheureusement, Saint-Josaphat fut construit en 1865 et les diagrammes ont été détruits par l'incendie de 1871. La seule trace écrite qu'il reste de son plan de construction est un projet d'urbanisation sur lequel la bâtisse figure et où quelqu'un a eu la charité d'annoter qu'il existe un passage secret entre le dortoir des filles et celui des garçons.

– Les garçons ne couchent plus là, objectai-je, leur section a été aménagée en salle d'archives.

– L'information est pourtant précieuse. Sais-tu à quoi servait l'endroit au début du siècle? Un certain monsieur Masciopinto l'avait transformé en lupanar. Si l'on était membre de son club, on pouvait venir consommer de l'alcool prohibé directement produit et stocké dans les caves de Saint-Josaphat. Cela éclaire-t-il ta lanterne?

– Non, quel rapport avec les assassinats?

– Ah, mon petit Jean! Ces indices crient une vérité que tu ne veux pas voir : le bâtiment est truffé de passages secrets ! Monsieur Masciopinto, prétendait-on, pouvait dissimuler la moitié de la ville dans la doublure de son chapeau. Moi, je suis convaincu que son chapeau s'appelait Saint-Josaphat.

– Et alors ?

– Alors voilà comment Martin disparaît, voilà comment les jumelles indiennes se baladent dans les couloirs, voilà comment l'assassin réussit à échapper à la police. Saint-Jacques va faire sonder les murs.

– Attends, tu as dit que les filles connaissaient l'existence de ce réseau de passages secrets ?

– Peut-être pas toutes, mais je peux déjà en désigner deux sans me tromper.

– Tu en as parlé à Saint-Jacques ?

– Non pas ! Je mène ma propre enquête.

– Tu es toujours sur la trace de Martin ?

– Non plus. J'ai une autre hypothèse. Plus surprenante, mais plus difficile à prouver. Je pense d'ailleurs que notre brave inspecteur commence à comprendre lui aussi.

– Victor Lewis ?

– Justement non.

– Si tu avais envie de me donner des détails, n'hésite pas.

– Pas encore, mon petit Jean. Pas encore. Mais je veille sur toi. À propos, comment te sens-tu ?

– Couci-couça. Je n'ai pas envie de bouger alors que je dois retourner travailler ce soir.

– Panse tes blessures, garde la tête solide, je te garantis un heureux dénouement.

* * *

Le lycée était à présent cerné par les journalistes qui m'assaillirent dès mon arrivée. Saint-Jacques ne les laissa pas faire, il m'alpagua, fendit la masse de ses larges épaules. Il ne consentit à parler qu'une fois en sécurité dans le silence du parc :

– Où étiez-vous ?... Non, ne me le dites pas, chez Simon Renard.

– J'étais malade. Je pensais que vous étiez au courant.

Il s'est passé une main dans les cheveux en cherchant ses mots.

– Nous avons inspecté l'établissement, fit-il, nous avons exploré les murs, les salles, les couloirs, les penderies... Nous avons découvert que le lycée est comme un décor de théâtre. Nous ne sommes même pas certains d'avoir décelé toutes les caches.

– Je sais, Carcasse m'a raconté votre rencontre.

– Ce qu'il ne vous a pas dit c'est que nous n'avons pas pu déterminer si les chambres des filles communiquaient entre elles, ou avec l'extérieur. La chambre 21, par exemple, est scellée comme une boîte, il n'existe absolument aucune issue possible.

Il a ramassé une brindille au pied d'un érable en murmurant :

– Mais Victor a dû s'introduire d'une façon ou d'une autre.

– Vous êtes sûr qu'il s'agit de Victor ?

– Je n'en connais pas d'autre qui soit aussi malin... et aussi cruel.

– Et si Victor avait un complice ? Quelqu'un qui verse de la drogue dans le café des pions, quelqu'un qui l'aide à immobiliser ses victimes ?

– Nous y avons pensé aussi, la piste n'a rien donné. Non, non, selon moi, il a réussi à emprunter une voie que nous ignorons. Peut-être même se dissimule-t-il en ce moment dans ce sacré lycée.

– Bon, et que dois-je faire ?

– Rien. Mais je voulais vous prévenir.

– Il va m'étrangler dans mon sommeil ?

– Je vous ai dit qu'il ne s'en prenait qu'aux femmes.

Il a tourné les yeux vers l'entrée du parc où la presse campait.

– Je compte sur vous, monsieur Belmors.

Il s'éloigna.

En arrivant à l'internat je constatai que l'inspecteur avait rompu notre accord : quatre hommes se tenaient dans le couloir. Ils me fouillèrent avant de me laisser passer.

Ma chambre n'avait pas été chamboulée, sauf le téléphone qui trônait sur le sol et que je remis sur le bureau. Je regardai l'horloge : sept heures. Les petites étaient dans leur chambre, moi dans mon cagibi, les flics en sentinelle, nous allions tous passer une fameuse veillée de garde.

J'entendis à travers le mur une porte s'ouvrir, le pas d'un pied nu sur le plancher.

– J'ai la migraine, s'excusa une voix rauque. Je vais chercher une aspirine.

Je ne l'avais pas vue depuis son chagrin inexplicable au cours de notre dernière conversation. Elle toqua gentiment sur le battant. Je la découvris serrant le haut de son pyjama dans son poing droit.

Elle avait changé en l'espace de trois jours, Sharon Wyllis avait perdu sa fraîcheur, son visage affichait toutes les marques du chagrin.

– Tu es revenu ! s'exclama-t-elle.

Elle ne put retenir un geste vers moi et passa le dos de ses doigts sur ma joue.

– Tu as vu ce déploiement de forces ? ajouta-t-elle. C'est impressionnant !...

– Ce qui est impressionnant c'est ta mine de déterrée. Qu'est-ce qu'il t'est arrivé ?

– Rien, je dors mal. J'ai beau me gaver de cachets, je suis debout toute la nuit. Mais ce soir ça ira mieux, puisque tu es là.

– Je ne suis pas le bon Dieu !

– Si Victor s'amène, tu le sauras avant tout le monde.

– Alors tu es au courant... Comment ça se passe pour les autres ?

– Les autres ? Tu veux dire les filles ? Oh, ce n'est pas la joie. Lawrence est partie cet après-midi. Nous ne sommes plus que toutes les deux dans ma chambre, Sanjuana et moi. Nous avons rapproché nos lits pour combattre la trouille.

J'ai ouvert le tiroir du bureau. J'ai pris le tube d'aspirine.

– Tu ne devrais pas rester ici, dis-je en égrenant deux cachets dans le creux de sa main.

– Je m'en fiche. Il faut qu'on parle.

– Plus tard.

– Je reviendrai après le couvre-feu.

– Avec la garde nationale dans le couloir ? Tu as intérêt à trouver un bon prétexte.

– Tu n'es pas content de me voir ?

– Si, si, mais il faut que tu comprennes que je suis sur la liste des suspects et que je ne peux pas me permettre de…

– C'est moi qui ai écrit les messages qui t'innocentaient, coupa-t-elle.

Je m'immobilisai.

– Et je les ai placés près des victimes.

Elle a repris un ton plus bas :

– Comme toi, je ne dors presque pas. J'ai entendu de drôles de bruits la nuit du 21 septembre, puis la nuit du 4 octobre, quand Kate a été assassinée. Je ne suis pas allée voir de quoi il retournait, tu penses bien. Au contraire, je me suis recroquevillée sous les couvertures. Ça a duré trois heures puis, d'un coup, le silence est tombé. Alors je me suis dit qu'il y avait une nouvelle victime et que tu allais être accusé. J'ai écrit une note pour te disculper et je suis allée la mettre dans la chambre 21.

– Attends, tu vas trop vite ! Quels genres de bruits tu as entendus ?

– D'abord un long frottement dans le couloir, comme si on portait un corps, qu'on le traînait, plutôt. Ensuite le cliquètement d'un loquet. Après, plus rien pendant cinq minutes, puis des gémissements.

– Des gémissements ?

Elle a serré le poing, les articulations de ses doigts sont devenues toutes blanches.

– Comme si on se retenait de crier. Des petits cris, des halètements. Parfois ça montait et parfois c'était à peine perceptible. Et puis le bruit de quelqu'un qui s'agite, des ressorts qui grincent… Comme deux personnes qui font l'amour.

– Mais ce raffut aurait dû ameuter tout le dortoir.

– Non, non, c'était très étouffé, presque inaudible. Moi j'entendais tout parce que je suis dans la piaule 19, juste à côté de la 21.

– Tu as entendu prononcer des mots ? Un nom ?

– Non.

– Ça a duré trois heures ?

– Oui. Tu sais ce que je pensais ? Que Denis était en train de violer une fille.

– Comment ça a fini ?

– À un moment, un peu avant le jour, il y a eu une plage de silence. J'ai perçu le même cliquètement qu'au début, puis des pas qui s'éloignaient très lentement. J'ai attendu dix minutes avant de me lever pour aller voir.

– Tu n'as rien touché dans la chambre 21 ?

– J'ai même fait mieux, j'ai pris un mouchoir pour effacer mes empreintes. Et j'ai écrit le message de la main gauche.

– Tu n'as vu personne ? Tu n'as pas d'indice sur l'identité du tueur ?

– Justement non, je ne voulais surtout pas le rencontrer.

– Comment peux-tu être sûre que ce n'était pas moi ?

– Parce que je te connais, que je sais que tu n'es pas un sadique.

– Pourtant tu as senti le besoin de m'innocenter ?...

Elle a passé un petit bout de langue sur ses lèvres, a rajusté les pans de sa chemise de pyjama, s'est enfin décidée à parler :

– Je sais que tu es un vampire, Jean… Je ne dirai rien, ne t'en fais pas.

J'ai réfléchi que j'allais faire une somptueuse bêtise, de celles qui comptent dans la vie d'un immortel :

– Est-ce que les autres filles le savent ?

Elle a marqué un temps d'arrêt pour assimiler le sens de ma réplique, elle s'est décidée après un long moment à me regarder dans les yeux.

– Non. Je n'en ai parlé à personne.

Je n'ai pas réussi à me sentir tout à fait rassuré. Pour moi, c'était comme de prononcer une sentence sans appel. Le marteau du destin venait de tomber sur le bureau du diable.

– Sharon, je ne peux pas compter sur toi… Tu ne garderas pas ce secret longtemps. Ne te vexe pas, je dis ce qui est, c'est tout. Et, confidence pour confidence, cela n'a pas d'importance. Maintenant, tu devrais retourner dans ta chambre, je dois faire l'appel.

Elle s'est levée, m'a fixé une demi-minute les lèvres closes, les yeux pleins de messages. Je n'étais pas très fier d'avoir conquis le cœur de cette gamine. J'aurais préféré qu'elle s'occupât des gens de son âge, qu'elle évitât de s'éprendre d'un mort vivant sans avenir.

– Va dormir, lui dis-je.

Elle faillit presque céder à la tentation, puis elle partit.

***

J'avais à présent un peu plus d'éléments pour faire le point. Les révélations de Saint-Jacques et de Sharon avaient débroussaillé le terrain. Quatre noms s'imposaient comme suspects possibles : Sharon Wyllis, Victor Lewis, Martin Clay et Carcasse (bien que cela me fasse mal au cœur de soupçonner mon meilleur ami).

D'abord Sharon. La nuit du 21 septembre, elle entend des bruits qui décrivent assez précisément que quelqu'un est en train de torturer ou de violer Lillian Cummings. Sharon patiente jusqu'à ce qu'elle soit sûre que le meurtrier est parti et se glisse à son tour dans la chambre 21. Elle y découvre Lillian morte et, sachant ma qualité de vampire, elle griffonne un billet chargé de me disculper. Après quoi elle efface ses empreintes et regagne ses pénates. Le même scénario se répète la nuit du 4 octobre lorsqu'on s'occupe de Kate Nilsen. Voilà le témoignage de Sharon.

Plusieurs choses me troublent dans cette version. En premier, pourquoi Sharon ne parle-t-elle pas à la police immédiatement ? Je me souviens qu'au cours de notre première rencontre elle m'avait avoué craindre que l'assassin ne s'en prenne à elle. Pourquoi, dans ce cas, se garde-t-elle de révéler ce qu'elle sait ? Et pourquoi veut-elle m'innocenter à tout prix ? Que je sache, le petit béguin qu'elle nourrit à mon endroit n'a fleuri qu'après le premier meurtre. D'autre part, et voici le plus étrange : elle, qui menait sa propre enquête et me soutirait des renseignements, n'a pas poussé la curiosité jusqu'à entrebâiller sa porte au cours du deuxième assassinat. Avait-elle peur que le tueur ne la voie et ne l'attaque, ou est-elle elle-même impliquée dans ces meurtres ?

Cette idée, je dois l'admettre, éluciderait au moins une chose. Si Sharon est la coupable, elle n'a eu aucune difficulté à s'introduire chez Lillian ou Kate sans que ces dernières se méfient.

Oui, mais comment a-t-elle réussi à se procurer les barbituriques qui ont endormi les surveillants et les policiers ? Et le rasoir qui a servi sur les victimes ? Et les gants en plastique ? Et le godemiché ? Voilà des objets que les enquêteurs n'auraient pas manqué de dénicher au cours de leurs fouilles. Par ailleurs, comment s'y est-elle prise pour neutraliser ses proies sans les attacher, sans les droguer ? Et pourquoi assassinerait-elle des filles contre lesquelles elle n'a aucune animosité ? Ce sont beaucoup de questions sans réponses. Cependant, connaissant comme je connais la détermination et l'habileté de l'adolescente, elle est capable de triompher de beaucoup d'obstacles.

Passons à Victor Lewis. Voilà un tueur méthodique, sans scrupule, et nanti d'un bon mobile : il a peur que sa fille le dénonce. Son expérience lui permet de déjouer bien des pièges et, attendu que Saint-Josaphat est creux comme une meule de gruyère, il est peut-être caché dans une fausse muraille. Cependant, malgré toute sa science, comment a-t-il pu verser du somnifère dans le café des gardiens ? Et comment parvient-il à soumettre ses victimes sans les attacher ? Cette question revient toujours. À moins que Victor ne connaisse Lillian et Kate. Ce que Saint-Jacques, qui a effectué des recherches sur le passé de chacune, n'aurait pas manqué de voir. Or ce dernier ne m'en a pas parlé.

Martin à présent. En ce qui le concerne, il devient de plus en plus évident qu'il est trop bordélique pour accomplir ce genre de crimes. Quoique je l'imagine immobiliser sans peine les fillettes grâce à un tour de passe-passe, je me rends compte aussi qu'une machination comme celle-là réclame un sang-froid et une méthode hors du commun. Or Martin, selon Carcasse, n'est qu'un benêt aux mains rapides. Et il ne possède, lui non plus, aucun mobile. À moins que, là encore, il n'y ait un rapport entre Lillian, Kate et Martin.

J'ai gardé Carcasse pour la fin car cela me gêne horriblement de l'accuser de pareilles horreurs. Toutefois il est celui qui ferait le meilleur coupable. Il a un mobile (me mettre dans le pétrin pour que j'abandonne cet emploi et que je travaille pour lui), des moyens énormes (s'introduire dans le lycée, verser des somnifères dans le café des flics ou hypnotiser une jeune fille lui est un jeu d'enfant) et il a aussi assez de cruauté et de détachement pour accomplir les pires besognes (le sang qui provient des coupures les plus fines se déguste tout doucement, comme si on cueillait du bout de la langue la transpiration d'une glace à la framboise). La seule chose qui ne colle pas avec la personnalité de Carcasse, c'est le viol. Carcasse n'est pas un obsédé sexuel. Cela dit, il dissimule peut-être une âme perverse sous ses dehors chastes et incorruptibles. Ah! Je me dégoûte...

J'oscillai longtemps entre une hypothèse ou l'autre. Pendant ce temps-là (cela dura une bonne semaine) Saint-Jacques traquait Martin et Victor. L'inspecteur avait engagé une troupe d'arpenteurs qui évaluaient les dimensions du lycée et sondaient les murs. Carcasse, lui, usait de son influence pour poursuivre son enquête. Quant à Sharon, elle venait dans ma chambre presque quotidiennement.

Saint-Jacques, un jour, découvrit le cadavre de Rolland-le-faux-vampire enterré près de la voie ferrée qui longe Bucktown et il me prévint que j'allais devoir lui rendre des comptes. Il ne me restait plus longtemps à vivre. J'étais en sursis. Comme Veronica.

À mesure que le temps avançait, ma bien-aimée allait de plus en plus mal. Simon m'avait averti qu'elle ne se montrait plus que quelques heures à son travail, qu'elle refusait de se faire soigner, de terminer ses jours dans un lit d'hôpital.

Je construisais des plans absurdes pour ménager une rencontre. Je voulais aller crocheter sa porte la nuit, apparaître au pied de son lit, la réveiller doucement. Je me voyais lui parler, quelques mots à peine, et elle tomber dans mes bras. Je nous figurais dormir dans des draps mouillés d'amour et, au matin, mourir ensemble, la main dans la main. Je me fichais éperdument que ce genre de scénario soit d'un romantisme suranné : je voulais finir mon voyage près d'elle, c'est tout. J'avais l'impression d'être un trappeur bloqué sur un bout de banquise avec les mains tournées vers un feu de braises mourantes.

11

La fin approchait. La pendule de Veronica égrenait ses dernières secondes. Au 21 octobre, elle serait morte. La veille de cette date, je me sentais de plus en plus mou, comme envahi par une langueur inexplicable. Depuis peu j'écrivais toutes les nuits, essayant de laisser une trace dérisoire de mon passage sur terre. Les feuilles s'empilaient, des pages et des pages que je noircissais en silence.

Le dortoir n'avait jamais été aussi calme. De huit heures du soir à huit heures du matin, personne ne pipait. Les flics en sentinelle n'échangeaient pas un mot, ils essayaient de ne pas s'endormir sur leur chaise. Cependant, ce 20 octobre, alors que j'étais concentré sur mon récit, je m'aperçus soudain qu'un bruit régulier emplissait le couloir. Tendant l'oreille, je reconnus le ronflement de quatre dormeurs et je songeai aux policiers de garde dans le couloir.

Mon premier mouvement fut de me précipiter dehors pour les réveiller. Au lieu de quoi je restai sur ma chaise, essayant de capter la rumeur du dortoir. Je distinguai alors le craquement caractéristique du plancher, la troisième lame après la porte d'entrée, devant la chambre d'Elena Petrucci et d'Eve Lester. Quelqu'un s'en allait vers les escaliers.

Je laissai passer quelques secondes, puis je me glissai hors de ma chambre. Je vis les quatre flics qui sommeillaient lourdement. Je gagnai les escaliers à mon tour, j'enjambai un inspecteur écroulé au pied de la rambarde. Drogué, lui aussi.

Je m'arrêtai une seconde. Je perçus le pas du

marcheur qui descendait lentement les degrés. Je le suivis en ayant soin de laisser un étage d'écart entre nous. Il marchait pieds nus, il ne faisait presque pas de bruit sur les dalles de marbre. Sa respiration était très calme, son cœur battait à 75, 80, un petit cœur, un cœur de femme.

« Soit c'est une somnambule, me dis-je, et je songeai aux crises de Sandrine Rousseau la Québécoise, soit... soit une de mes pensionnaires est la criminelle !... »

Cette idée m'apparut immédiatement comme une évidence. Les morceaux du puzzle se collaient soudain d'une façon magique. Dans le même temps le visage de Sharon s'imposa à mon esprit. Mais quel était le but de cette expédition nocturne ? Allait-elle chercher son matériel de bourreau ?

Elle avait dépassé le rez-de-chaussée à présent, elle s'enfonçait à la cave. Là, elle disparut. Sa respiration s'évanouit. Je collai mon oreille au mur et distinguai un pas à l'intérieur de la cloison. Sharon empruntai un passage secret.

Toujours l'oreille contre la paroi, j'entendis qu'elle s'éloignait vers une autre aile du bâtiment. Je faillis y courir, mais le bruit de pas cessa. J'attendis, tendu comme une corde d'arbalète. J'avais l'impression qu'elle se tenait parfaitement immobile.

Une silhouette se dressa à côté de moi qui me fit sursauter. Une longue fille au teint bistre se tenait sur le palier supérieur, elle m'adressait un sourire mordant : Veena ou Jyoty Bhadami. J'allais ouvrir la bouche quand elle s'enfuit en faisant danser sa chemise de nuit. J'hésitai un instant. Je ne voulais pas abandonner ma Sharon emmurée, mais je ne pouvais pas non plus laisser les jumelles vadrouiller dans les couloirs. Je m'élançai donc vers le rez-de-chaussée.

L'Indienne se trouvait maintenant au bout du couloir, près de la salle des professeurs. Je trottinai pour la rejoindre. Elle tourna le coin, et, bien sûr, elle se volatilisa. Je rebroussai chemin, je la vis sortir d'une alcôve, se diriger vers la cour intérieure... qui fut vide lorsque j'y jetai un coup d'œil. Je continuai, pour la forme, mais le jeu m'énerva. Je songeai à Sharon prête à sortir d'un moment à l'autre de sa cachette. Alors j'ignorai les Bhadami, je m'acheminai vers la cave. Les jumelles apparurent ensemble, à quelques pas de moi, je les regardai à peine.

– Je m'en fous, leur dis-je. Faites comme vous voulez.

Elles s'envolèrent de nouveau. Cette école était vraiment garnie de planques redoutables !

Je repris mon poste collé au mur du sous-sol. Il me semblait que, au loin, tout là-bas, le cœur de quelqu'un battait encore. Elle ne remuait pas un muscle, elle se contentait d'attendre, elle ne battait même pas des cils. Je patientai longtemps, l'oreille refroidie par la pierre, puis, enfin, on bougea. La paroi transmit les pas de la captive. Je fus tenté de me cacher mais je décidai de l'attendre. Les vibrations grandirent, se matérialisèrent exactement derrière mon bout de cloison. Je me reculai, observai le mur lisse... qui se détacha et découvrit une ouverture. La fille sortit, vêtue d'une robe de chambre qui lui tombait jusqu'aux chevilles.

Ce n'était pas Sharon, mais Eve, Eve Lester

avec sa peau couleur caramel brûlé, ses yeux noirs, ses rastas qui lui tombaient sur les épaules. Elle ne marqua aucune surprise en m'apercevant. D'une allure de somnambule elle se mit à monter la volée de marches. Je fus troublé par son regard vide, sa face sans expression, je m'élançai derrière elle. Je la rattrapai au niveau du premier étage, tout près d'un jeune inspecteur qui dormait allongé contre un pilier.

– Eve ! l'interpellai-je en me plantant sur son chemin. Qu'est-ce que tu fais ?

Elle ne répondit pas, me contourna, elle continua son ascension. Visage de bois.

– Eve ! Qu'est-ce que tu as ? Réponds !

Je lui barrai le passage à nouveau, et au moment où elle allait m'éviter, je lui pris les épaules, la secouai un peu.

– Eve ! Nom de Dieu ! Réveille-toi !

Elle ne voyait rien.

Elle se dégagea lentement.

À cet instant la vérité m'illumina comme la lumière d'un projecteur. Je compris tout, ce fut si épouvantable que je faillis m'étaler dans les escaliers. Je me précipitai pour la troisième fois. J'agrippai la jeune Noire.

– Vous vous torturez entre vous, c'est ça ? m'écriai-je. Elles t'attendent dans la chambre 21. Et tu es leur prochaine victime…

Pas de réponse.

– Hein ? hurlai-je.

Du fond de son hypnose, elle acquiesça d'un signe de tête.

Alors je la pris par la taille et je l'emmenai dans

les étages, comme on conduit une vieille dame vers le trottoir d'en face, mais à toute vapeur.

Je la libérai quand nous parvînmes sous les combles. Je voulais tenter de réveiller le jeune flic étendu sur le plancher. Tandis que je m'occupais de lui, Eve en profita pour entrer de son pas mécanique dans le dortoir.

– Merde, merde ! grondai-je à voix basse. Et cet idiot qui dort !

Je réfléchis à ce que je devais faire. Appeler Saint-Jacques ? Mais qui allais-je lui livrer ? Sharon Wyllis ? Sandrine Rousseau ? Caretha Jesser ? Peut-être que les filles n'étaient pas TOUTES complices ?

Je me glissai dans l'internat.

Le couloir était vide. Les portes des chambres étaient ouvertes. Je passai devant la première chambre. J'en serrai les mâchoires de rage. Même chose dans la piaule voisine, et celle d'après… et celle d'après. Et moi qui les prenais pour des saintes nitouches, moi qui aurais élevé un autel de la pureté en leur honneur ! Porte après porte, chambre après chambre je parcourus ce foutu dortoir en tous sens pour me rendre compte que, mis à part la chambre 21, il n'y avait personne.

De cette dernière, en revanche, me parvenaient des bruits terrifiants. J'entendais des plaintes, des couinements. Je percevais le frottement d'un objet qu'on enfonce dans un corps, le glissement d'une lame sur la peau, le feulement des caresses sur une toison. En même temps, quelqu'un murmurait d'une voix sourde :

– Détends-toi, Eve, Détends-toi. Viens, petite

belle, jouis encore une fois. Donne-toi... Aie confiance.

Une autre voix susurra :

– Elle monte, je la sens qui monte ! Elle est en train de venir !

Simultanément la respiration d'Eve s'accélérait, grandissait par à-coups irréguliers. Enfin elle poussa un soupir de gorge et le lit trembla.

Les caresses reprirent, les chuchotements aussi... la course du rasoir. Combien de personnes étaient dans la chambre ? Je comptai les cœurs, les respirations. Au jugé, une cinquantaine. Le dortoir au complet était réuni.

Je serais bien intervenu, mais elles auraient pu me mettre en charpie. J'avais conscience que je surprenais un secret dangereux, un secret pour la sauvegarde duquel elles seraient prêtes à me tuer. Je balançai un bon moment, le temps pour Eve de parvenir encore une fois à l'orgasme. Puis, comme ça menaçait de ne plus finir et que j'avais peur qu'elles ne tuent la jeune Noire, je cessai de tergiverser.

J'ouvris la porte.

Le battant ne s'écarta pas beaucoup, buta presque tout de suite contre quelque chose. Je poussai plus fort. Je réussis à me couler dans la chambre.

La porte résistait parce que cinquante personnes étaient serrées dans 20 mètres carrés (déjà meublés d'un lit, d'un bureau et d'une chaise).

Dès que j'entrai, un grand silence tomba. Il y avait Marion, Caretha, Elena, Deborah, Linda et les autres. Elles me regardaient toutes. Aucune ne portait de vêtements. Même Eve avait été débarrassée de sa robe de chambre.

Bien que je fusse effrayé, à la limite de la panique, je ne pus m'empêcher de remarquer la beauté de leurs corps. Il se dégageait de cette assemblée une sensualité si dense qu'on aurait pu la palper. Je n'avais jamais fait attention à ces filles, enfin pas du point de vue esthétique, c'était seulement maintenant que je constatais à quel point elles étaient exceptionnellement séduisantes.

Leurs visages si graves, si fins, tous étrangement beaux, leurs jolis cous, leurs somptueuses épaules, leurs seins pointus ou ronds, les brunes piquantes, les blondes pulpeuses, les rousses mystérieuses, pas une qui fût laide.

En fait j'étais ébloui. Ébloui et bouleversé. Incapable de prononcer une parole, étranglé par la puissance de leur charme.

De leur côté, elles n'osaient pas faire un mouvement. Une lourde odeur de rut montait dans le silence, un parfum violent et meurtrier qui nous engourdissait tous. Je comprenais mieux la nature de leur acte, ce qu'elles étaient venues chercher ici, cela pesait dans l'atmosphère. Et je me sentais bien, tout à coup, presque protégé par toutes ces femelles en chaleur, envoûté comme un matelot par des chants de sirènes.

Je ne sais pas si elles me désiraient moi, car le désir était partout. Mais j'étais un mâle dans ce groupe de femmes et la concupiscence me tordait les tripes. Compressés comme nous l'étions, je frôlais du ventre une croupe blanche, de la hanche une taille charnue, de la main droite une toison châtain, de la gauche une cuisse laiteuse, une masse de cheveux touchait mes épaules. J'en oubliais complètement que j'étais censé arrêter cette cérémonie.

Je regardai le lit. Sharon était penchée sur Eve dont les jambes étaient repliées et écartées, en position d'accouchée. Sharon avait enfilé une paire de gants paraffinés, des gants de médecin, elle tenait la lame d'un rasoir entre deux doigts. Quand elle sut que je resterais tranquille, elle reprit le cours de son opération.

– Il ne fera rien, dit-elle en regardant Eve mais en s'adressant à tout le monde. Détends-toi... Laisse-toi faire.

Beaucoup de mains s'occupaient du corps offert. Sanjuana embrassait la bouche entrouverte, Marion Applecot massait les tempes, Caroline Pinsky caressait la poitrine, Sandrine Rousseau faisait glisser un phallus en plastique dans le con ouvert, Dorothy Payne suçait le clitoris. Elles étaient une bonne dizaine à palper, cajoler, flatter Eve dont le corps ondulait comme un arc électrique ou frissonnait, tressaillait, frémissait. Elle tanguait sur sa couche, roulait, se balançait, se lovait en proie à un plaisir incontrôlable. Parfois, au sommet d'une vague, Sharon entaillait la peau de la cuisse ou du mamelon, ouvrant la minuscule plaie entre deux doigts. Elle accomplissait ce travail sans méchanceté, attentive au contraire à deviner le point sensible, celui qui amènerait sa camarade plus près de l'orgasme. Et ce raffinement de cruauté devenait presque une offrande quand les lèvres d'Eve exhalaient un râle de plaisir. Les plaies d'ailleurs n'étaient pas très profondes, elles saignaient à peine, se seraient refermées immédiatement si Sharon ne les avait pas maintenues ouvertes.

Les autres filles poussaient des soupirs oppressés. Certaines se collaient contre une voisine, lui massaient les seins, plongeaient les mains vers le sexe qu'elles entrouvraient, qu'elles fouillaient. D'autres se contentaient de fermer les yeux de temps à autre ou de trembler soudain en contenant une plainte. Les yeux étaient brillants, les corps humides de sueur. Moi-même, je me sentais hagard, excité au-delà de tout. Seul un filament de jugeote m'empêchait de prendre une de mes voisines, de l'abrutir de caresses, de la lécher, de lui enfoncer mon envie au tréfonds du ventre.

Eve atteignit plusieurs fois l'apothéose. Son corps vibrait de plus en plus violemment, serrant le drap entre ses poings à déchirer le tissu. Sharon maintenant taillait un peu plus profond dans l'épiderme, elle enfonçait parfois la lame jusqu'à se mouiller les doigts de sang frais. Je savais vers quelle inévitable conclusion nous nous acheminions, mais je ne faisais pas un geste…

Combien de temps cela dura-t-il ? Dix minutes ? Une heure ? Deux heures ? Trois ? Je n'en ai aucune idée. Si la porte ne s'était pas ouverte derrière moi en me heurtant le dos, nous aurions continué jusqu'à l'aube, jusqu'à la mort.

Je me tassai contre les filles. Quelqu'un essayait d'entrer.

Carcasse se glissa parmi nous.

Sa présence rompit le charme. Sharon s'immobilisa, ses assistantes cessèrent leur besogne et tout le monde se figea. Lui contempla cette assemblée, manifestement en proie à des sentiments contraires, puis il me posa la main sur l'épaule.

– C'est fini, mesdemoiselles, murmura-t-il en anglais.

12

Sharon se baissa jusqu'à l'oreille d'Eve et chuchota aussi bas que possible :

– Je n'ai qu'un geste à faire.

Dans le même temps, sa main armée du rasoir s'enfonça profond dans la cuisse.

– Sharon ! criai-je.

Elle arrêta son mouvement.

– Je t'attends dans ta chambre, me dit Carcasse avant de sortir.

Je ne quittai pas Sharon des yeux. Elle resta un moment immobile, du sang sourdant entre ses doigts, elle murmura pour Eve :

– Je sens battre l'artère sous la lame.

– Non, répondit la jeune Noire. Tant pis !...

Sharon retira le rasoir et se redressa. Une immense tristesse se lisait sur ses traits.

– Allez chercher des Kleenex, dit-elle, et effacez les traces. Ouvrez la fenêtre aussi.

Elle se défit de ses gants, qu'elle plaça dans un sac en plastique, avec la lame de rasoir. Obéissantes, les petites sortirent en silence les unes après les autres. Eve se releva péniblement et Megan Reeves l'aida à marcher.

– Pourquoi ? demandai-je à Sharon quand nous fûmes seuls.

Elle ne répondit rien, me toisa une seconde.

– Tu as machiné toute l'histoire, insistai-je

– Je t'expliquerai plus tard.

Déjà des filles revenaient, vêtues cette fois, et s'activaient avec des mouchoirs en papier. Elles frottèrent chaque centimètre carré de la pièce, plancher compris. Samantha se tourna vers Sharon :

– Et le lit ? Il est plein de sang.

– Laisse, répondit-elle.

Elle se dirigea vers la porte, je l'accrochai par un bras.

– Tu ne vas pas t'enfuir ?

– Et où veux-tu que j'aille ?

Je la laissai passer. Elle alla jusqu'à sa chambre, je regagnai la mienne.

– Tu le savais ? demandai-je à Carcasse en entrant.

Il avait vieilli en l'espace d'une semaine. Son front s'était creusé de quelques rides soucieuses.

– Oui, dit-il. Je les surveillais depuis un moment.

– Et tu ne m'as rien dit ?

– À quoi bon ? Tu ne m'aurais pas cru. De plus elles n'étaient pas ma principale préoccupation.

Il m'entraîna dans le couloir.

– Viens, dit-il.

– Je ne peux pas les laisser seules... Si elles font une autre connerie ?...

– Viens, te dis-je.

Il m'a conduit vers les escaliers. Nous nous sommes arrêtés devant le mur qui surplombait les marches. Du bout du pied il a appuyé sur une plinthe et un panneau s'est ouvert dans la paroi.

– Allons à la rencontre de ton sauveur, me souffla-t-il.

Un escalier montait et descendait, Carcasse choisit de monter. Comme nous étions déjà sous les combles, je me demandais où nous pourrions aller. L'escalier se rétrécit et aboutit à une mansarde allongée et pentue qui doublait la toiture. Nous rampâmes dans ce boyau et Carcasse alluma une minilampe de poche.

– Comme on va à l'eau, rirette, chantonna-t-il en anglais, comme on va au puits, comme on va à l'eau, rirette, on y va, on rit.

Il ralentit et me montra quelque chose du doigt. À une dizaine de mètres, recroquevillé sous l'appentis, je vis une forme blanche grelotter de froid.

– Comme on va au vent, rirette, recommença Carcasse d'une voix lénifiante, comme on va au vent, comme on va au vent, rirette, on y va souvent.

La silhouette leva la tête. Un visage taillé dans de la peluche frisée blonde et affublée d'un pauvre sourire nous regarda.

– Martin ! m'écriai-je doucement. Qu'est-ce qu'il fait là ?

– Ces demoiselles vont nous le dire, voilà plus d'un mois qu'elles le nourrissent, le choient et le dorlotent.

En effet, autour de lui on voyait des sacs de chips vides, des boîtes de gâteaux secs, des paquets de cacahouètes. Elles lui avaient même procuré deux couvertures et un oreiller, mais le malheureux ne pensait même pas à s'en envelopper.

– Martin, ça va ? demanda Carcasse.

L'interpellé fit briller un sourire triomphant et se releva d'une détente. Malheureusement le plafond bas le rassit brutalement.

– Cauchemar ! Cauchemar ! fit-il en se frottant la tête.

– Allons, viens voir, chuchota le vieux vampire en anglais en examinant le crâne de l'innocent. Ce n'est rien, mon bonhomme, rien du tout.

Comme pour un enfant, il souffla sur la bosse et Martin se calma. Il lui prit la main et, moi en tête cette fois, nous refîmes le chemin en sens inverse. Le magicien se laissait emmener sans protester, aussi docile qu'un animal apprivoisé. Nous débouchâmes au-dessus des escaliers. Nous entrâmes dans l'internat.

– Appelle Sharon, dit Carcasse quand nous fûmes dans ma chambre. C'est l'heure des explications.

Je la ramenai à la minute. Elle avait passé son pyjama, celui avec des rayures rouges chevauchées par des nounours bleus.

– Douce mienne, babilla Martin en se jetant à son cou.

– Mon papa, lui dit la jeune fille. Mon tout petit papa.

– C'est votre père ?

– Oui. Mon père naturel. Il sait toujours où me trouver. On a des antennes nous deux. C'est une longue histoire.

– Racontez-nous ça, on a tout le temps, dit Carcasse.

Elle a soupiré en caressant les cheveux de son père qui avait poussé son nez à travers la chemise de pyjama et lui suçait un sein. Sharon le contempla une seconde, puis commença son récit.

Elle nous raconta l'histoire des « braves et dévotes gens » Wyllis, ses parents adoptifs. Elle haïssait le père, Harry Wyllis, autant que la mère, Margreta. Tous deux, sous couvert de religion, l'avait assommée de prières, de vœux saints, de sermons, de messes. Ils l'avaient même obligée à « se mortifier » lors d'une confession publique, en pleine église.

– Ça n'empêchait pas Harry Wyllis, ce pieux salopard, de me sauter dessus dès que nous étions rentrés à la maison, ricana-t-elle. Il « m'enseignait le diable », comme il disait, et la mère passait au large de ma chambre. Cette salope ne se mêlait jamais de rien. Elle n'avait pas de mauvaises pensées, elle. Elle s'imaginait sûrement que je me payais du bon temps. Elle me l'a dit d'ailleurs. Oh, pas avec des paroles franches, ce n'était pas sa façon, mais avec des tournures sournoises et pleines de sous-entendus, que je lui volais l'énergie de son mari et que c'était la raison pour laquelle on m'envoyait en pension. J'avais cinq ans quand j'ai atterri chez eux, et j'ai eu l'impression qu'ils avaient adopté une gosse pour que le père satisfasse ses envies. J'étais bien contente quand je les ai quittés pour l'internat.

Son premier séjour en pension, elle l'avait effectué quand elle avait dix ans, dans une école du New Jersey. Elle s'était tenue sage pendant une année avant de commencer à faire des bêtises. Après quoi, elle avait changé d'école chaque année « après un solide tabassage pendant l'été », quand Harry décrochait un martinet, la rouait de coups, puis la violait.

Sharon avait appris par hasard qu'elle avait été adoptée et sa vie avait changé. Elle s'était renseignée sur sa famille naturelle en volant son dossier d'adoption qu'elle avait lu pour le brûler par la suite. Elle avait cherché Martin Clay, son père, le seul qui soit encore vivant, sa mère étant morte d'un long cancer. La première fois qu'elle rencontra Martin, il venait de s'évader.

– Je sais bien qu'il est cinglé. Mais il ne m'a jamais fait de mal. Il est toujours très gentil avec moi.

– Il a quand même tué plus de cinq personnes.

– Parce que les gens sont des idiots. Ils ne savent pas comment le traiter.

– Mais, vous, les filles, vous vous en êtes occupées pendant plus d'un mois.

– Ce n'est pas bien difficile. Il suffit de ne laisser aucun objet dangereux à sa portée. Il est comme un enfant. On s'en occupait à tour de rôle, les autres filles l'adorent.

– Et vous aviez une planque pour lui ?

– Oui. On a su presque tout de suite que le lycée était plein de passages secrets.

Elle nous expliqua comment les sœurs Bhadami avaient découvert le système de murs creux, comment un jour l'une d'elles avait accroché une boucle de sac à main dans la fissure d'une paroi. Les pensionnaires n'avaient pas été longues à visiter les entrailles de Saint-Josaphat. Martin était arrivé à ce moment-là.

– À propos, où sont-elles, les Bhadami ? demandai-je. La dernière fois que je les ai vues, elles vadrouillaient dans les couloirs.

Ce fut Carcasse qui répondit :

– Elles sont en train de réviser une leçon dont le sujet est : Doit-on faire enrager un aîné? dit-il en sortant une petite cale de bois de sa poche. Je les ai enfermées entre deux portes.

– Ah ! s'exclama Sharon. Voilà pourquoi elles ne revenaient pas.

– Elles étaient chargées de faire diversion ?

– Oui.

– Et, à propos, pourquoi Eve est-elle allée à la cave ce soir ? Enfin, dans le mur de la cave ?

– Elle m'avait demandé de l'hypnotiser. Elle craignait la douleur. Kate Nilsen nous avait montré comment opérer. Sa mère était dans la sorcellerie, les phénomènes paranormaux. J'ai hypnotisé Eve et je lui ai dit de ne pas avoir peur. Mais elle s'est dirigée comme un robot vers la sortie. Il paraît qu'elle a l'habitude de passer beaucoup de temps dans les fondations de l'école pour méditer sur ses problèmes. Eve a été tellement maltraitée depuis qu'elle est bébé, elle est presque autiste. Bref, elle nous a échappé et nous avons délégué les Bhadami pour la retrouver et la ramener. Quand on a entendu que tu te lançais à sa poursuite, on a décidé de tenter le tout pour le tout. On a préparé le matériel, la chambre 21, comme d'habitude.

– Oui, explique-moi donc ce « matériel » : le rasoir, les gants, etc.

– Nous avons toutes des rasoirs et des gants.

– Hein ? ! Et pour quoi faire ?

– Les rasoirs pour se raser les jambes, les gants pour se faire des hennés. Au cours de la première perquisition, les flics ont pris tout notre matériel. Après, nous avons caché nos affaires.

– Et le somnifère ?

– Ça, c'est encore plus facile. Nous avons toutes des problèmes, des angoisses, des périodes de déprime. Le toubib de l'école nous a fourni des tas de pilules. Nous avons chacune une pharmacie personnelle.

– D'accord, mais pourquoi la chambre 21 en particulier ?

– C'est la seule chambre qui ne comporte qu'un seul lit et elle est minuscule. Quand on se met toutes nues, on est serrées les unes contre les autres, au chaud, comme dans un cocon. Tu comprends ?

Je hochai la tête.

– À présent il reste la question la plus importante, articulai-je. Sharon, pourquoi cette sinistre comédie ?

Elle a blêmi.

– Et que veux-tu que je te dise ? Que nous sommes toutes des détraquées ? Que nous sommes issues de familles de cons ? Que nous avons souffert les sept plaies de l'Égypte ? Tu n'es pas aveugle, tu dois savoir tout ça.

– Et alors, quand bien même ! Ça ne justifie pas qu'on s'y mette à cinquante pour torturer une fille.

Elle a détourné les yeux, dégoûtée.

– Sauf si elle est consentante, sauf si elle en a tellement marre de la vie qu'elle a décidé d'en finir en prenant son pied. Mais ça ne te dit rien. Tu penses que je suis en train de faire du mauvais mélo. Écoute-moi, Jean, je ne suis pas la seule qui ait été violée. Aucune des filles de l'internat n'y a échappé. Ce fut le père, le frère, un connard dans la rue, tous ces gros cons avec leur queue qui se sont payé du bon temps en nous laissant des cauchemars pour une vie entière. Et pas que violées, d'ailleurs! Si ce n'était que ça! Caretha, par exemple, ses parents sont dans un groupe de sado-masos de New York. Ses souvenirs ce sont des chaînes, du cuir, des tatouages, des humiliations. Caroline Pinsky, la gentille Caroline, son frère l'enfermait dans une cage à lapins, lui tendait des touffes d'herbe à bouffer, la livrait à ses copains pour qu'ils se défoulent... Deborah, elle, vient d'une souche de grands artistes, des gens qui sont sans cesse entre deux avions. Ce sont les baby-sitters qui l'ont élevée. Certaines très aimables, mais d'autres moins. Elle a les bras pleins de cicatrices, des brûlures de cigarette, parce qu'elle «n'était pas sage». Tu veux que je continue?

– Non.

– Oui, il vaut mieux pas. J'en ai ma claque de parler de ça. Depuis le début de l'année on en cause entre nous, de ce qu'on a enduré. Chaque fois ce sont des larmes, des crises de désespoir. On passe notre temps à essayer de s'entreconsoler.

– Écoute, vous êtes jeunes, belles, intelligentes, on vous offre une éducation de premier choix.

– Oui... Pour finir bobonnes dans un deux-pièces avec un gros con qui ne fera pas plus attention à nous que nos parents. Quel avenir! Tu as vu les mecs de ce bahut, nos futurs compagnons. Il n'y a que le sport qui compte, le sport, la mécanique et le fric.

– Mais non!

– Vraiment? Tu devrais voir comme ils nous

traitent ! En cinq ans de lycée, j'ai tout entendu : salope, allumeuse, connasse, idiote, pute, sans-queue, et les remarques vulgaires, et les bruits dégueulasses qu'ils font avec la bouche, et les « viens me sucer », les « baisse ta culotte, j'arrive », les humiliations constantes. Ils nous méprisent ouvertement. Le monde leur appartient, la société entretient leur connerie. Ils sont les rois. Ils se sentent forts, la terre entière est à leur botte, nous les premières.

– C'est l'âge qui veut ça, ça leur passera. On est tous un peu bébêtes pendant l'adolescence.

– Tu crois ça ? Dis-moi, Jean, tu regardes la télé, tu vas dans des bars, tu te balades dans la rue ? Ose me dire que les hommes sont mieux quand ils vieillissent ! Au contraire, ils se referment, s'aigrissent. Ils continuent les guerres : contre les femmes, les Noirs, les Mexicains, les vieux, les Européens. La compétition, tout le temps et contre tous. Celui qui a les plus grosses couilles écrase tous les autres.

– Ils ne sont pas tous comme ça.

– Non, pas tous. Mais la majorité. Les femmes passent leur temps à les éduquer, à leur ouvrir un peu les oreilles et le cœur, à les rendre sensibles à autre chose qu'au fric et au résultat du dernier match de base-ball. Merde, je n'ai pas envie de passer ma vie à essayer d'élever un orang-outan.

– Justement, essaie de faire autre chose. Tu as des possibilités inouïes.

Elle a baissé les épaules.

– Je ne m'en sens pas capable, dit-elle. Tu ne comprends pas, Jean, je n'aime pas la vie… Je ne m'aime pas.

Elle s'est mise à pleurer.

– Après Eve, c'était mon tour, dit-elle. Ça aurait dû se faire dans une semaine.

– Vous étiez décidées à aller loin comme ça ?

– Oui.

– Vous vous seriez toutes assassinées ?

– Je ne sais pas. Mais j'en connais au moins une quinzaine pour qui c'est sérieux. Si tu ne dis rien à la police, nous recommencerons.

– Et qui s'occupera de Martin si tu n'es plus là ?

Elle a regardé son père qui lui avait lâché le sein et qui s'était assis par terre.

– On a fait un pacte avec les copines, la dernière qui resterait le tuerait avant de se suicider.

J'ai regardé Carcasse qui n'avait pas participé à la conversation. Il se contentait d'écouter, la mine pensive et concentrée.

Il a enfin ouvert la bouche :

– Mademoiselle (il hésita en jetant un coup d'œil sur Martin)... Mademoiselle Clay, c'est vous qui teniez le rasoir ce soir. Le tîntes-vous aussi lors des précédentes nuits ?

– Oui.

– Pourquoi ?

– Parce que ce travail nécessite une main qui ne tremble pas, dit-elle froidement. De plus je suis la seule à avoir consulté quelques livres sur le sexe.

– De drôles de livres ! s'étonna-t-il. Y explique-t-on la pratique du sadisme ?

Elle se redressa.

– Caretha en connaît au moins autant que moi, c'est par elle que j'ai eu les bouquins. Ses parents en ont une pleine armoire chez elle.

– Vous avez ces recueils ici ?

– Pas au dortoir, mais nous les avons cachés dans un mur du lycée.

Carcasse a mis ses mains sur les genoux en soupirant :

– Bien, pour moi, ce sera tout, je ne vois rien d'autre.

Je n'avais pas fini, loin de là.

– Sharon, pourquoi avez-vous changé votre jour ? D'habitude vous n'opériez que le dimanche, quand je n'étais pas de garde.

– Peut-être que nous avions décidé de te mettre dans la confidence. Et puis Eve ne pouvait pas attendre, elle se serait suicidée avant la fin de la semaine.

– Vous auriez pu m'expliquer vos activités, vous saviez bien que je n'aurais rien dit à la police.

– D'une, nous n'en étions pas certaines. De deux, je me doutais que tu découvrirais tout avant longtemps.

– Ah bon ?…

Elle se leva, ouvrit le tiroir du bureau et en sortit mon manuscrit et *Le livre du ça* de Groddeck que m'avait prêté Simon.

– Sandrine Rousseau, la Québécoise de la chambre 12, m'a traduit ta prose et des chapitres de ce bouquin. Ce Groddeck est étonnant, diablement perspicace en ce qui concerne les femmes.

– Ah ?…

Elle me tendit l'ouvrage et me montra un passage.

– Je ne pourrais pas te le lire en français, mais Sandrine a souligné la phrase.

Je lus : *« Car, songe le pauvre être apeuré que l'on appelle jeune fille, pourquoi, alors que ma mère l'exige avec insistance, que mon père considère cela comme allant de soi et que mon bien-aimé affiche de la vénération pour ma pureté, pourquoi ne pas agir comme si je n'avais rien entre la tête et les pieds ? » Elle (la jeune fille) joue le rôle qui lui a été imposé, en général avec adresse.*

Sharon tourna une autre page : *Et qu'y a-t-il de remarquable, d'incroyable,* écrivait Groddeck, *à ce que la douleur soit une volupté, une suprême volupté ? (...) L'imagination de la femme travaille avec des instruments puissants, l'a toujours fait et le fera toujours.*

– Tu étais sur la piste, Jean, tu aurais deviné toute l'histoire avant la fin du livre.

– Remets ça où tu l'as pris, avec mon manuscrit.

– Tu m'en veux ?

– Oui. Mais pas pour ce que tu crois. Tu n'aurais pas dû lire mon texte.

Elle a replacé les objets dans le tiroir. Elle s'est plantée devant Carcasse et moi, juste à côté de son père, les mains nouées sur son giron. Elle ressemblait vraiment à une petite fille prise en faute.

– Vous allez prévenir la police ? demanda-t-elle.

– La question mérite réflexion, répondit mon ami. Mais ne vous inquiétez pas trop. Quoi qu'ils vous demandent, avancez que vous ne savez rien. Nous tâcherons de sauver ce qui peut encore l'être.

Elle me coula un long regard.

– Et Veronica ? me demanda-t-elle.

– Quoi, Veronica ?

– Il lui reste combien de temps à vivre ? Ton manuscrit dit qu'elle va bientôt…

– Elle passera peut-être la journée… Une partie de la nuit…

– Et tu es toujours prêt à mourir avec elle ?

– Sharon, va-t'en.

Elle a reculé jusqu'à la porte, un pas après l'autre. Ses lèvres tremblaient.

– Viens me voir avant de partir, Jean. Promets-moi que tu viendras, hein ?

J'essayai de la regarder mais j'avais la tête trop lourde. C'était vraiment une sale nuit.

– Je viendrai, promis-je.

13

Quand Sharon eut disparu, Carcasse se tourna vers moi. Il me considéra un instant en lissant les poils de sa barbe.

– Jean, parle-moi. La petite a fait mouche, n'est-ce pas ?

– À quel propos ?

– Veronica ?

– Oui. Elle va mourir dans un peu moins de quarante-huit heures. Je ne peux rien y faire. De plus Saint-Jacques a mis la main sur Rolland-le-vampire, tu sais, celui que tu m'as offert pour mon anniversaire. Saint-Jacques ne lâchera pas la piste.

Il a frissonné en fermant les yeux.

– Je n'ai pas tant de solutions, conclus-je.

– Et tu as décidé de mourir avec Veronica, en idiot que tu es ?

– La vérité, c'est que je n'ai plus goût à la vie, Gilles. C'est de plus en plus dur. Je ne vois pas pourquoi je me ferais souffrir inutilement.

– Du goût à la vie, hein?... Si je t'apportais une solution?

– Laquelle?

– Celle-ci, dit-il en désignant Martin. Il suffirait qu'il te donne sa joie de vivre.

– Non, il faudrait qu'il ait envie de me donner sa joie de vivre.

– Demande-la-lui. Il ne te la refusera pas.

– Parce qu'il n'en connaît pas les conséquences. Écoute, Martin m'est sympathique, le pauvre n'a rien à voir avec ce qui m'arrive. Qu'il reste en dehors de nos petites histoires.

– Quel dommage! Cette vitalité gâchée! Cette énergie insouciante! Quelle chance incroyable tu laisses passer! Lui a le pouvoir d'être heureux, ce n'est pas un mince talent, c'est peut-être même le plus rare. La plupart des gens heureux ne sont pas près de se défaire de la vie, au contraire. Alors que lui, sur simple demande, il te livre le bonheur éternel. Penses-y.

– J'y ai pensé! Je ne pense qu'à ça. Je me doutais bien, depuis que tu t'es mis sur la piste de Martin, que tu voulais me l'offrir en sacrifice. Ta fameuse «surprise», je l'avais devinée. Mais je ne peux pas prendre la belle humeur de ce pauvre type et me l'approprier pour réparer mes petits bobos. De plus, le trou de ma cuirasse requiert un peu plus que l'application d'une rustine.

– C'est Martin, la rustine?

– Oui, c'est lui, la rustine. Seulement, mon armure me tombe sur les genoux et ma raison de vivre n'est qu'un lambeau. Le mal est plus profond.

Il a serré les dents.

– Jean, mon petit Jean, tu me déçois.

Je suis allé vers Martin, lui ai pris la main. Il l'a serrée doucement, puis il a fait éclore entre nos deux pognes un paquet de cigarettes. Il me l'a rendu en souriant.

– Gilles, chuchotai-je, raconte-moi comment tu as débarqué ici ce soir.

Carcasse est sorti de sa rêverie. Il a tiré encore une fois sur les boucles de sa barbe et m'a expliqué qu'il avait soupçonné l'une des filles comme possible coupable dès le deuxième assassinat. Par la suite, en réfléchissant à la théorie de Saint-Jacques concernant Victor Lewis, il l'avait trouvée plausible et avait mené trois enquêtes de front. Premièrement, il tenait le dortoir sous étroite surveillance, deuxièmement il recherchait Victor et, troisièmement, il essayait de dénicher Martin.

Quand Gilles Alazard se mettait en quête d'un objet ou d'un individu, il n'attendait jamais longtemps avant d'avoir la réponse. Par des amis qu'il connaissait dans le nord de la ville, il entendit parler d'un homme qui se cachait dans un meublé tenu par une grosse matrone suédoise. Le type en question répondait au signalement de Victor, et Carcasse, ayant endossé la silhouette du corbeau, avait été espionné ses fenêtres. Il n'avait pas été long à repérer la collection de couteaux, l'album d'articles de journaux concernant les exploits du maniaque et les trophées macabres cachés dans les tiroirs.

Carcasse l'avait observé pendant quelques jours, puis était passé à l'attaque. Il s'était introduit chez Victor, ils avaient lutté et, en moins de trois minutes, le tueur était neutralisé.

– Le faquin est en ce moment dans le coffre de la Rambler, acheva Carcasse.

– Il est dans ta bagnole en ce moment ?!

– Oui, j'ai utilisé toute ma science marine pour le ligoter à la roue de secours. Il ne peut remuer ni pied ni patte.

– Et qu'est-ce que tu vas en faire ?

Il avança les lèvres.

– Ma foi, je balance encore. Peut-être des conserves pour l'hiver.

J'allais m'exclamer de nouveau, il m'arrêta d'un geste.

– La peste soit de l'impatience ! Veux-tu que je te termine le récit de mon aventure, oui ou non ?

Je refermai la bouche. Or donc, après avoir capturé l'un des tueurs les plus dangereux de ce continent, Carcasse avait foncé jusqu'à Saint-Josaphat.

– Mon dix-huitième sens sonnait l'alarme, je peux te l'assurer. Sa trompette me résonne encore dans les cornets.

Il avait pénétré dans l'école, s'était faufilé à l'intérieur du bâtiment et il était tombé sur Eve Lester en chemise de nuit suivie par son surveillant, moi-même, qui jouaient à cache-cache.

– Je ne t'ai pas vu, m'étonnai-je.

– La forme la plus discrète est celle…

– … du serpent. Je vois. Continue.

Constatant que l'internat était en de bonnes mains, le vieux vampire se mit à chercher une ouverture secrète dans le bâtiment. Il la trouva au rez-de-chaussée s'y glissa et commença à arpenter les murs.

– Tu sais que je détiens un sens des proportions assez exact. Ayant déjà visité le côté face de l'architecture, je n'eus aucun mal à en reconstituer le côté pile. Morbleu, quel dédale ! Thésée ne s'y serait pas retrouvé dans ce labyrinthe, le Minotaure l'aurait mangé tout cru !

Carcasse cherchait Martin. Il me l'avait promis et comptait tenir parole. Après avoir fureté à tous les étages et établi la conviction que le magicien ne s'y cachait pas, il arriva sous les combles et sortit près de la porte du dortoir.

– De là, j'ai entendu ta conversation avec la jeune Eve. J'ai eu juste le temps de me dissimuler avant que vous ne passiez.

Peu après, un vantail s'était ouvert montrant les petites Bhadami.

– Tudieu ! J'en ai pris une sous chaque bras et je les ai refourrées au trou. Je ne voulais pas qu'elles aillent vendre la mèche et affoler la volière. Surtout que je t'entendais hésiter devant l'huis fermé de la chambre 21.

Il enferma donc les jumelles entre deux escaliers à l'aide de quelques coins de bois qu'il gardait dans sa poche.

– Tu te balades toujours avec des cales ? demandai-je.

– N'oublie pas que j'avais dans l'idée de découvrir Martin, de le tenir enclos là où il était. Des cales appliquées à l'encoignure des portes me paraissaient le meilleur moyen de piéger la souris.

Le cas des Bhadami réglé, il était monté jusqu'à la soupente. Il avait vu Martin, craintif et méfiant, qui « sautait comme un cabri ». Par de longues et patientes manœuvres, il avait réussi à s'en approcher, à s'en faire accepter et il était redescendu interrompre notre petite fête.

– Voilà, conclut-il. L'horloge indique trois heures et demie du matin, nous avons encore quelques belles heures de nuitée, que décides-tu ?

Je n'avais rien de particulier en tête. Je songeais aux efforts de mon ami pour me rendre la vie plus douce, pour me donner un peu de goût à continuer, lui que j'avais soupçonné des pires atrocités. Carcasse était un grand ami, le meilleur que j'aie jamais eu. Il m'avait toujours secouru quand le cafard me bouffait les tripes. Encore une fois il venait à ma rescousse et, très simplement, me mettait toutes les cartes en main. J'avais Martin, j'avais Victor, j'avais le dortoir, j'avais tous les acteurs principaux à ma merci. Mais, et c'est à ce moment que je me rendis compte que mon fil se terminait, je n'éprouvais qu'une sourde indifférence face à ce jeu magnifique.

Je pensais à Veronica, allongée dans son lit avec le husky pour seul compagnon. Je me disais que c'était cruel de mourir avec un regard de chien pour toute bouée. J'aurais voulu être auprès d'elle, lui apporter un peu de chaleur. Cela ne l'aurait pas empêchée de mourir, mais j'aurais eu l'impression que nous nous étions rencontrés, que, au moins, nous avions essayé.

– Je ne sais pas, répondis-je. Nous avons cinquante filles complices de meurtres.

– Les filles ! Tu veux dire Sharon ?

– Si tu veux. Nous avons un tueur en série dans un coffre de voiture, un autre qui joue avec une gomme sur mon plancher, une dizaine de flics endormis, une autre dizaine qui vont arriver au point du jour. Non, vraiment je ne sais pas. Que peut-on faire avec ça ?

Il a tendu la main vers Martin et ce dernier lui a touché les doigts.

– Cogite, me dit Carcasse.

Je les ai regardés, les deux énergumènes en train de reproduire le tableau de la chapelle Sixtine. J'en avais marre de réfléchir, mes roues tournaient dans le vide.

– Je vais aller voir Sharon, décidai-je. Elle doit m'attendre.

– Je serai ici, dit Carcasse.

Sous la porte de la chambre 19 filtrait un rai de lumière quand je toquai.

Sharon se montra habillée d'un pantalon beige et d'un pull rouge.

– Attends, j'enfile mon manteau.

– Non.

– Si ! On va aller dehors.

Avant que j'aie eu le temps de protester, elle revint enveloppée dans un grand pardessus de laine bleu marine. Elle me prit le bras et m'entraîna vers la sortie.

– Tu n'auras pas froid ? questionna-t-elle.

– Je ne crains que le soleil, les crucifix et les gousses d'ail, tu sais bien.

Nous avons descendu les escaliers en silence.

Les inspecteurs étaient affalés à chaque étage, la bouche ouverte, ronflant comme des bienheureux.

– Ils apportaient leur propre Thermos de café, commenta-t-elle. Mais on a quand même réussi à les envoyer au pays des rêves.

Nous avons emprunté la porte de service, nous avons marché dans le parc qui s'étendait jusqu'au gymnase. J'attendais qu'elle se décide.

– Tu sais, Jean, je ne plaisantais pas quand je disais que je voulais mourir.

– Tu n'en avais pas l'air.

– Tu ne me crois pas ?

Elle s'est plantée en face de moi. Une grande et belle fille, sa frimousse tendue au bout de la ligne de son corps.

– Bien sûr que je te crois. Mais tu devrais attendre pour ce genre de chose. Tu commences à peine ton voyage. Tu ne sais pas à quel point l'avenir est merveilleux.

– Et ton avenir, à toi ?

– Hum, tu vois, je... il ne concerne que moi, mon avenir.

– Et moi ?

– Tu m'oublieras vite... Mais ce sont des paroles un peu grandiloquentes que nous employons sans savoir.

– Si, je sais. J'ai vu la mort. Je l'ai même donnée.

– La voir, je ne pense pas. Celui qui la voit ne revient pas dans ce monde. Se comprendre mortel reste la chose la plus dure à concevoir.

– Tu ne t'imagines pas mort ?

– Pas du tout. C'est une impossibilité. Le conscient ne se voit qu'existant. « Le je ne peut pas mourir », je ne sais plus qui a dit ça.

Nous avons marché un moment en silence, octobre nous offrait un tapis de feuilles mortes et nos pas crissaient sous les grands arbres. Son bras passé sous le mien me procurait un peu de chaleur. Je la sentais têtue, déterminée, effrayante, pour tout dire. Elle irait jusqu'au bout, elle était comme ça, elle ne lâchait jamais tant qu'elle n'avait pas obtenu ce qu'elle voulait.

– Jean, murmura-t-elle, prends ma vie.

Je feignis de n'avoir pas entendu, je continuai d'écraser des bouts de feuilles colorées.

– Je n'en peux plus, ajouta-t-elle. J'ai vécu sous tension toute ma vie, et, ces dernières semaines, ce fut pire que tout. Je n'ai pas envie que la police m'enferme. Je ne veux pas finir mes jours dans une prison ou dans un asile. Je n'ai pas envie non plus de continuer à jouer avec moi-même. Je suis une criminelle, Jean. J'aime le goût du sang, j'aime lire la souffrance sur le visage de mon prochain. Je sais que, depuis que j'y ai goûté, je ne pourrai plus m'en passer. Les autres filles ne sont pas comme moi. J'étais la meneuse dans les opérations, c'est moi qui ai tout organisé. J'ai choisi la chambre 21 parce qu'elle ne contient qu'un lit. J'ai placé les jumelles Bhadami en sentinelles, j'ai expliqué aux filles ce qu'elles devaient raconter à la police, j'ai décidé les dates des crimes, le rituel selon lequel nos réunions devaient se dérouler. J'ai même essayé de te séduire dans l'espoir d'acheter ton silence. Je suis horrible, Jean, je me dégoûte.

J'ai soupiré, sans répondre.

– Tu aimes Veronica, n'est-ce pas ?

– Je crois.

– Mais non, tu en es sûr.

Un grand érable, les pieds dans un bain de feuillage rouge sang, se dressa devant nous.

– Je vais t'aider, Jean. Je vais t'aider à rencontrer ta Veronica. Mes dix-sept ans vous serviront de passeport. Je vais te donner une journée, une journée pour vous deux, toi et elle. Après quoi…

– Après quoi je mourrai, conclus-je. La lumière du soleil me sera fatale.

– Oui, mais tu auras eu une journée, une pleine journée. Peut-être pourras-tu sauver celle que tu aimes…

Sa voix est tombée dans un gouffre. Elle a pleuré sans une larme dans les yeux, en respirant à petits coups précipités.

Je l'ai regardée, puis j'ai admiré la voûte des branches qui nous surplombait. Il ne me restait pas longtemps à vivre. À elle non plus, d'ailleurs, elle était presque déjà dans l'outre-monde. J'ai dansé d'un pied sur l'autre en essayant de rassembler mes idées.

Elle attendait patiemment. Elle se dévêtit de son manteau et frissonna dans cette nuit d'automne humide.

Je la pris dans mes bras. Oh, si doucement. Elle ne pesait rien du tout, sa jeunesse toute frêle blottie contre moi.

– Je ne vais pas te faire mal, lui dis-je.

Je l'embrassai. Elle m'étreignit en se collant à moi. Je l'embrassai longuement, un baiser de prédateur. Ensuite je descendis jusqu'à son cou et je mordis dans la jeunesse qu'elle m'offrait. Elle s'abandonna, me serra contre elle, puis elle mourut.

14

J'ai porté Sharon dans ma chambre, l'ai allongée sur mon lit. Martin s'est levé et il est allé lui caresser le visage en ânonnant une petite chanson incompréhensible. Carcasse n'a rien dit, mais il avait compris. Il a contemplé la jolie brune aux joues pâles, lui a caressé le visage d'un mouvement pudique, puis il a baissé la tête.

– Elle m'a donné un jour, prononçai-je.

– Alors va, je m'occupe de tout.

– Qu'est-ce que tu vas faire ?

– Je vais coucher cette fille dans le lit de la chambre 21. Je vais amener Victor ici et je le chargerais de ce crime et de tous les autres. Je dirai à la police qu'il est responsable de tout. J'irai même chez lui pour construire des pièces à conviction. De toute façon, la dette de ce monstre ne sera pas plus élevée pour trois filles qu'il n'a pas tuées quand il est déjà accusé du meurtre d'une vingtaine d'autres. Tes petites protégées seront innocentées, ne t'inquiète pas.

– Et Martin ?

– Je l'emmène avec moi. Le drôle me plaît, j'en prendrai grand soin. Je m'efforcerai de remplacer cette intrigante Sharon.

– Et Simon ? interrogeai-je encore.

Il a ouvert la bouche, a respiré profondément, comme s'il voulait dégager la pression à l'intérieur de sa cage thoracique.

– Simon ? Il jugera ton cas pendable ! a-t-il articulé. Le bon vieux docteur Simon en a vu d'autres ! Des morts, sangdieu, tout le temps !

Je fis un pas vers lui.

– Et toi ? lui demandai-je.

Il m'a repoussé de toute la force de sa vieille main.

– Qu'importe ! murmura-t-il. Va-t'en, mon Jean. Va-t'en.

Je tentai encore une fois de m'approcher, mais il détourna le visage, me fit signe que je devais partir.

Je regardai une dernière fois Sharon, puis Martin, puis Carcasse. Je tournai les talons, sortis du dortoir silencieux et descendis les marches lentement.

* * *

J'écris ces dernières lignes devant la maison de Veronica. Le soleil est maintenant sur le point d'apparaître et je redoute la force de ses rayons. Déjà le pare-brise est tout blanc. Cela fait plus de deux cent cinquante ans que je n'ai pas vu la lumière du jour.

Enfin la grosse boule monte dans le ciel et je sens en moi un choc assez violent, comme si on avait enclenché le chronomètre d'une bombe à retardement. Malgré tout, je tiens le coup.

Il est six heures et demie du matin, les rideaux de la maison de mon aimée sont tirés. J'espère qu'elle s'éveillera bientôt. Je n'attends que ça pour jaillir de ma voiture.

La radio me donne des nouvelles de Saint-Josaphat. La voix de Saint-Jacques me parvient :

Nous avons attrapé Victor Lewis ce matin, dit-il. Nous le soupçonnons d'avoir tué les filles du pensionnat. Victor gisait inconscient au pied des marches qui montent à l'internat. Nous pensons qu'une des filles, de celles qui n'ont peur de rien, l'a assommé alors qu'il s'en allait. Nous avons aussi retrouvé Sharon Wyllis étendue morte dans la chambre 21. Elle ne semble pas avoir subi le même traitement que les précédentes victimes, quoiqu'elle baignât dans un lit de sang. Elle ne possédait aucune blessure sauf deux petits trous à la gorge. L'autopsie déterminera la cause de son décès. La chambre 21 était vierge de toute empreinte et les hommes que j'avais placés en garde sommeillaient sous l'effet d'un puissant narcotique. Lewis a été emmené au poste de police où il est enfermé sous étroite surveillance.

– L'avez-vous interrogé ? A-t-il reconnu ses crimes ?

– Nous ne l'avons pas encore questionné, non.

– Êtes-vous sûr qu'il est l'assassin ?

Saint-Jacques hésite, fait claquer sa langue.

– Ce que je peux vous dire c'est que toutes les pistes convergent vers lui.

– Vous n'êtes donc pas sûr de tenir le coupable.

Un silence encore, puis l'inspecteur laisse tomber :

– Disons que je m'en doute.

Bravo, Saint-Jacques ! Le petit flic francophone est plus fin que je ne le croyais. Je suppose qu'il a compris l'histoire mais que, comme moi ou comme

Carcasse, il estime qu'il y a eu assez de dégâts. D'ailleurs, il ajoute :

– Je suis persuadé que les crimes cesseront, que la vie reprendra son cours normal à Saint-Josaphat.

– Il paraît que vous avez lancé un mandat d'arrestation pour un certain Jean Belmors, l'un des surveillants de Saint-Josaphat.

– C'est la vérité, ce dernier a disparu depuis hier soir.

– Vous pensez qu'il est mêlé à cette affaire ?

– D'une certaine manière, oui. La petite Wyllis portait au cou des traces que j'ai déjà vues sur un autre cadavre.

– Quelles traces ?

– Je ne peux pour l'instant pas vous en dire plus.

Il songeait évidemment aux deux trous, la marque de mes canines, imprimés sur la jugulaire de Rolland Vyrn.

– Est-ce que les autres victimes portaient les traces dont vous parlez ?

– Non... Écoutez, il faut que je parte. Je suis très occupé.

– Monsieur l'inspecteur, et Martin Clay ?

– Oh, celui-là, il a bel et bien disparu. D'ailleurs, nos informateurs nous assurent qu'on ne le reverra pas de sitôt. De toute façon, j'ai la conviction qu'il n'a rien à voir dans ces ignobles assassinats. Au revoir.

« Ignobles assassinats » ! Oh, inspecteur, comme vous y allez ! Les jeunes filles en fleur sont parfois diaboliques mais jamais « ignobles », je vous assure.

J'éteins la radio. Je reste les doigts sur le volant. Le soleil illumine le décor et je savoure sa généreuse lumière. Sa chaleur, sa clarté, sa force m'ont manqué. J'ai les yeux pleins d'étoiles sanglantes.

Je pense que Veronica est encore au lit, qu'elle rêve peut-être à moi. Je me trompe probablement, car je n'existe presque pas dans sa vie. En fait, il ne serait pas impossible qu'elle refuse mes avances. Dans ce cas-là, je n'ai pas de solutions de rechange, j'irai passer les dernières heures de mon existence sur la plage, près du lac, je contemplerai le vol des mouettes, la vie des mortels. Une dernière fois je me demanderai pourquoi Carcasse m'a sauvé de la maladie, un jour de 1751, pourquoi il m'a transformé en vampire. Comme d'habitude je chercherai la réponse, j'échafauderai les hypothèses les plus farfelues, pour finalement me dire que cela n'a pas grande importance, que nous n'avons pas besoin d'une raison pour vivre, après tout. Je songerai alors à Sharon, elle dont on avait broyé le cœur, qui voulait, comme ses compagnes, en finir. Pauvres filles trop belles, trop tendres. Là non plus, je n'aurai pas de réponse.

Mais une tenture s'écarte au premier étage de la maison. Je dois y aller.

À toi, mon petit Jean.

Épilogue

12 décembre 1997

J'ai enfin pu lire la traduction anglaise des Mémoires de Jean. Carcasse me l'a remise il y a trois jours et je n'ai rien fait d'autre que dévorer ces pages qui racontent l'histoire de mon amant.

Jean est arrivé ce 21 octobre à la grille de ma maison et je me suis dépêchée d'aller ouvrir en retenant Loner qui grondait. En m'approchant de cet homme, je me suis sentie prise par une émotion bouleversante. Était-ce les beaux yeux noirs ? Ou la silhouette athlétique ? Je ne saurais le dire, mais j'avais du mal à tenir sur mes jambes.

– Je vous reconnais, lui dis-je, vous êtes mon voisin, celui qui dort parfois dans sa voiture.

– Non, je ne suis pas votre voisin. Et je dors parfois dans ma voiture parce que j'ai quelque chose à vous dire.

J'étais un peu estomaquée. Je lui ai demandé ce qu'il voulait et il m'a raconté de but en blanc qu'il apportait une cure à ma maladie. À part mon médecin, personne ne savait ce qui m'arrivait. J'ai failli me fâcher, mais il a insisté, il a employé toutes sortes d'arguments que j'ai feint de gober. Je l'ai laissé entrer.

Je ne savais pas s'il avait dit la vérité, en tout cas, une chose était certaine, je me sentais mieux en sa compagnie, j'en arrivais presque à oublier ma faiblesse.

Je lui ai proposé un café, qu'il a refusé. Il était devant la fenêtre et on aurait dit qu'il s'abreuvait de la lumière du jour. Il parlait de tout et de rien, de la couleur du ciel, de l'époustouflante beauté de la vie. Et, si ces paroles m'auraient agacées prononcées par quelqu'un d'autre, chez lui elles me rendaient mélancolique au contraire, mélancolique et heureuse. D'ailleurs Loner a cessé de gronder dès que Jean a ouvert la bouche.

Je pense que c'est cette sincérité qui m'a touchée. Je le contemplais par-dessus ma tasse de café, je me sentais proche de lui. En moi grandissait le sentiment que j'avais éprouvé la première fois que je l'avais vu, un mois auparavant.

– Miss McLellan, comment vous sentez-vous? me demanda-t-il en se tournant vers moi.

De mieux en mieux, faillis-je lui répondre.

– Je ne sais pas, lui dis-je.

– Combien de temps vous reste-t-il?

Le sujet était délicat, mais il l'aborda d'une façon naturelle, presque anodine.

– Peut-être encore une nuit, fis-je.

Il s'est avancé vers moi.

– J'aimerais me promener avec vous, et que nous parlions un peu, proposa-t-il. N'ayez crainte, nous choisirons des rues où vous vous sentirez en sécurité.

Oh, je n'avais pas peur de lui. Je lui aurais donné les clés de ma maison s'il me les avait demandées.

J'ai enfilé un manteau, je l'ai suivi.

Nous avons marché au petit bonheur. Il me posait des questions, s'intéressait à ce que je pensais. Loner marchait avec nous, il semblait surveiller l'intrus du coin de l'œil.

Je racontai à Jean mes parents, des émigrés écossais qui m'avaient élevée dans la maison où j'habitais. Mon père était marchand de vin, il négociait avec l'Europe et la Californie. Il aimait tout : les gens, les animaux, les arbres, la mer. Il avait beaucoup d'amis, il voyageait énormément. Quand il revenait d'un pays lointain il me ramenait un petit cadeau, un gadget la plupart du temps, qui le faisait rire aux larmes. Et c'était un canard mécanique qui battait des palmes dans l'eau du bain, ou une poupée qui pissait, ou une carotte tire-bouchon.

Ma mère entassait ces trouvailles dans une armoire spéciale qu'elle appelait « l'armoire à bibelots », ou « l'armoire à poussière » selon son humeur. Elle était moins joviale que lui, plus terre à terre. C'était elle qui tenait les comptes du ménage, qui ramenait de temps à autre mon père à la réalité. Heureusement d'ailleurs, car le pauvre papa se serait envolé dans ses rêves et ne serait jamais revenu.

J'ai connu une enfance riche et joyeuse sous leur tutelle. Ils m'aidaient à grandir avec deux doigts de réalité mêlée à deux doigts de bonne humeur. Quand j'avais des problèmes à l'école, ils ne me grondaient pas. Ils s'asseyaient à une table et nous parlions. C'est ainsi que j'ai développé le goût de la conversation et des belles idées. Ils n'essayaient pas de me traiter en enfant, mais de discuter d'égal à égal, ne me cachant ni les concepts les plus abstraits ni les réalités les plus brutales. « Derrière toute chose, il y a une logique », me disait mon père. Et il s'employait à m'en faire entrevoir les subtilités. Parfois cela m'épouvantait de savoir le monde enfermé dans un tissu serré de causes et d'effets aux ressorts aussi implacables que ceux d'un piège à rat. Mais mon père désamorçait mes craintes en me racontant des contes.

Ces histoires, je les ai encore toutes en tête, des légendes farfelues, extraordinaires, absurdes, profondes. Il en connaissait beaucoup, il inventait les autres. « L'homme ne se suffit pas de la réalité, disait-il, il a aussi besoin de l'impossible, sans quoi il n'aurait pas inventé Dieu. » Ses convictions religieuses choquaient parfois nos amis. Pour moi elles me paraissaient naturelles. Quand, plus tard, je les confrontai avec celles de mes camarades d'école, elles furent accueillies avec réserve ou avec mépris. C'est là que je me rendis compte à quel point mon environnement familial détonnait par rapport à celui des autres.

Je fus une élève brillante dans les matières qui m'intéressaient (l'anglais, la philosophie, la musique, l'histoire-géographie) et tout à fait nulle dans les autres (les mathématiques, les sciences physiques, les langues étrangères). Je connus mon premier amant juste après être entrée à l'université.

Il s'appelait Kevin, étudiait le journalisme, nous étions côte à côte en classe d'écriture créative. Il était grand, beau parleur, il aimait la bière et les fêtes qui se finissent tard. À l'époque je pouvais encore veiller un peu, aussi je le suivis avec plaisir dans ses sorties. Je découvris le monde nocturne de Chicago, que je n'avais pas encore exploré. Puis je me lassai. Je plaquai Kevin et décidai de me consacrer à mes études en communication.

Un jour, mes parents allèrent voir des amis dans

la banlieue Ouest. Mon père chargea deux caisses de morgon dans le coffre et ma mère mit sur son sein une broche en argent qui venait de France. Sur l'autoroute, quand l'ivrogne qui était devant eux a dérapé, je suis sûre que mon père a pensé à sa femme qui allait mourir, à moi qui serais seule et au morgon qui serait perdu. Quant à ma mère, elle a serré le bras de son mari avant de percuter le pare-brise.

C'était il y a quatre ans.

Je n'avais pas de famille sur ce continent, mes oncles, tantes, cousins, cousines se trouvaient tous en Écosse. Ils m'invitèrent à venir les rejoindre, mais je refusai. J'étais américaine, ma vie était ici.

Je finis mes études et pris un travail dans une agence de publicité.

Depuis, toute la journée je négocie avec des journaux, des magazines, des mannequins, des photographes. Au début, je salivais devant ces beaux garçons aux traits parfaits. Je dois dire que je me laissai tenter plusieurs fois. Puis je me rendis compte qu'ils ne m'apportaient jamais ce que je voulais, comme si leur beauté n'était que la façade d'un décor creux. Certains étaient intelligents, charmants, attentifs même, mais il leur manquait la profondeur, la densité.

Jean, lui, était empreint d'une gravité naturelle fascinante. Le poids de la vie avait modelé son discours et sa réflexion, il se laissait atteindre par les choses, ne se contentait pas d'éprouver les émotions en surface. Tandis que nous marchions, il ponctuait mon récit par des remarques pénétrantes et sensibles. Je prenais plaisir à me confier à lui.

Au détour d'une rue, je lui pris le bras, une manœuvre hardie qu'il accueillit avec le sourire. J'avais envie de lui. Il me restait quelques heures à vivre et je voulais que cet homme devienne mon amant.

Nous sommes rentrés par la rue Western, après quoi je l'ai à nouveau invité à entrer chez moi.

– D'ailleurs, vous ne m'avez pas dit de quelle façon vous comptez me guérir, plaisantai-je.

Il m'a suivie jusqu'au salon, nous nous sommes assis sur le canapé pour vivre notre premier moment de silence. Nous n'étions pas mal à l'aise, pas du tout. Au contraire, nous prenions le temps de laisser nos présences s'effleurer, étendre leurs antennes et faire connaissance.

Les silences de Jean ne semblaient pas vides. On aurait dit qu'il descendait dans son être, qu'il retrouvait son monde intérieur, qu'il se nourrissait du dedans. Quand il a commencé à parler de lui, j'ai cru entendre l'un de ces contes que mon père me racontait.

Jean m'avoua tout de suite qu'il était vampire. Il me retraça son existence, quand l'Amérique n'était pas encore domestiquée, que les Français occupaient les territoires de la Louisiane. Il me décrivit ses parents adoptifs, les Belmors, la façon simple et robuste dont ils l'avaient élevé. Il passa ensuite à Gilles Alazard, dit Carcasse, qui l'avait transformé en vampire, qui s'était occupé de lui, qui était devenu son ami et son protecteur. Il s'arrêta sur l'année 1871, le cauchemar qu'il avait vécu. Il raconta ses doutes, son mal de vivre, son errance entre la France et les États-Unis, son bonheur qui s'effritait. Enfin, il arriva aux événements de ces dernières semaines. Il m'apprit qu'il m'avait suivie, qu'il m'avait aimée, mais que mes habitudes de sommeil l'avaient empêché de provoquer une rencontre. Il évoqua le dortoir, les crimes, l'enquête, le rituel de la chambre 21, la détresse de Sharon et ce qu'elle lui avait donné pour survivre à cette journée.

***

Quand il eut fini de parler, je lui pris la main. Nous avons échangé un long regard, puis il m'a embrassée. Un peu plus tard, nous sommes montés dans ma chambre et nous avons fait l'amour.

Il ne nous restait plus longtemps à vivre, la nuit s'en venait rapidement. Moi, je n'espérais pas voir la prochaine aube, lui s'en allait déjà. Ses mouvements se sont ralentis, ses paroles sont sorties avec plus de difficulté. Les ombres grandissaient, la vie le quittait.

– Veronica, me dit-il. Il est temps.

Il se coucha sur moi, me caressa le visage. Je ne savais pas ce qu'il allait faire, mais je m'en doutais. Il m'a embrassée, il m'a dit qu'il m'aimait. Sa bouche est descendue vers ma gorge et j'ai fermé les yeux.

***

Depuis, Simon m'a expliqué le mécanisme des pouvoirs. Il m'a dit que j'avais eu de la chance, que sans Sharon, sans les circonstances peu ordinaires de ma rencontre avec Jean, je n'aurais pas survécu. Je suppose que je suis redevable de cette condition à une enfant de dix-sept ans qui a préféré donner sa jeunesse à quelqu'un plutôt que la gâcher et à Jean qui m'a offert tout ce qu'il a pu avant de s'éteindre.

Mais cela n'explique pas tout. Simon, d'ailleurs, en perd son latin. Comment, lors de ma métamorphose, a pu se glisser l'ingrédient qui me rend si spéciale ? Pour ma part j'attribue ce prodige à une longue habitude entretenue toute ma vie. J'aime la lumière du jour, j'aime le soleil et les matins clairs. J'aime la vie quand elle est à son zénith, quand les gens s'affairent, que les enfants sont éveillés. J'aime cela plus que tout. Je ne pourrais pas m'en défaire. Voilà, selon moi, la raison pour laquelle je ne m'éveille qu'au premier rayon du soleil et ne me couche qu'au crépuscule. Je suis un vampire diurne, voilà tout.

GROUPE CPI

Achevé d'imprimer en octobre 2000 par
BUSSIÈRE CAMEDAN IMPRIMERIES
à Saint-Amand-Montrond (Cher)
N° d'édition : 48151. — N° d'impression : 004556/1.
Dépôt légal : octobre 2000.
Imprimé en France

PAO : éditions baleine

À PARAÎTRE

Le Poulpe
208. Patrick Arduise - *Le Poulpe bat sa coulpe*

Instantanés
209. Roger Facon - *Le requiem de John Edgar*

Velours
14. Jean-Jacques Reboux - *Le voyage de monsieur Victor*

Saignées
1. Gérard Alle - *Il faut buter les patates*
2. Gérald Bronner - *Journal de guerre*

BaleinEurope
1. Marc Menonville - *Je te permettrai de mourir*

183. Roger Facon - *Flic suspendu n'est pas ripou*
188. Philippe Delepierre - *Triumvir*
191. Daniel Decroix - *Rue du cirque*
194. Gilles Corre - *Saxo solo*
198. Laurent Beauvois - *Le chien d'en face*
202. Christophe Mager - *Je suis très beau*
207. Olivier Garnier - *Canines et péronnelles*

DÉJÀ PARUS DANS LA COLLECTION

Instantanés de Polar

3. Franck Pavloff - *Foulée noire*
5. Olivier Thiébaut - *Larmes de fond*
6. Jean-Jacques Reboux - *Le massacre des innocents*
   Trophée 813 du meilleur roman francophone 1996
10. Noël Simsolo - *Couleur sang*
22. Guillaume Nicloux - *Zoocity*
38. Bertrand Delcour - *Zen*
47. Jean-Jacques Reboux - *Fondu au noir*
53. Michel Chevron - *Les Purifiants*
57. Yasmina Khadra - *Morituri*
    Trophée 813 du meilleur roman francophone 1997
63. Pierre Siniac - *L'affreux joujou*
68. Noël Simsolo - *Apocalypse Nord*
77. Pascale Fonteneau - *La puissance du désordre*
81. Yasmina Khadra - *Double blanc*
86. Patrick Mercado - *Scooter triades*
91. Patrick Raynal - *Nice-Est*
107. Franck Pavloff - *Les yeux de Bee*
112. Sylvie Granotier - *Courrier posthume*
117. Jean-Jacques Reboux - *Poste mortem*
126. Yasmina Khadra - *L'automne des chimères*
131. Yves Bulteau - *Paso de la muerte*
142. Caryl Férey - *Haka*
150. Michel Steiner - *Mainmorte*
153. Christophe Mager - *Les feuilletons d'amour*
156. Noël Simsolo - *Les enfants de l'enfer*
158. Annie Barrière - *Une belle ville comme moi*
161. Laurent Beauvois - *Bafoués*
165. Cédric Comtesse - *Les filles roses n'ont pas de fantôme*
172. Michel Steiner - *Petites morts dans un hôpital psychiatrique de campagne*
175. Jean-Claude Schineizer - *Le pégase du Ponant*
179. Tullio Forgiarini - *Miss Mona*